MENTAL FIT MIT PHILIPP

Philipp Jelinek:
Mental fit mit Philipp

Alle Rechte vorbehalten
2023 © edition a, Wien
www.edition-a.at

Redaktion und Lektorat: Sophia Volpini
Cover und Gestaltung: Bastian Welzer
Fotos: Lukas Beck/Shutterstock/Privat
Coverfoto: Lukas Beck

Gesetzt in der Arial
Gedruckt in Europa

1 2 3 4 5 — 26 25 24 23

ISBN 978-3-99001-685-5

PHILIPP JELINEK

Mental
Fit mit Philipp

Dein Powerbuch für herausfordernde Zeiten

edition a

INHALT

»Pff, Panikattacken, das gibt's ja nicht, die sollen sich nicht so scheren«, dachte ich mir in meinem Leben bereits einige Male, als mir Ex-Freundinnen, Kollegen oder Bekannte von ihren Angstzuständen erzählten. Ich konnte mir nie vorstellen, wie sich so etwas anfühlen sollte, wie es überhaupt so weit kommen könne und warum Menschen scheinbar die Kontrolle über ihren Körper oder ihren Geist verlieren. Bis ich selbst in den Genuss kam.

Ich war schon immer überzeugt davon, der Unzerstörbare zu sein. Als ich mir vor einigen Jahren im Zuge eines schweren Sturzes die Schulter verletzte, dachte ich mir anfänglich nicht viel dabei. Es war bei weitem nicht meine erste Sportverletzung, nur die daraus resultierende Operation empfand ich als störend. Als Unzerstörbarer sollte die Schulter auch so ausheilen, oder nicht? Leider war eine OP unausweichlich. Mein Arzt überzeugte mich von der Relevanz dieser OP und so lag ich wenige Tage später auf dem Tisch.

»Herr Jelinek, ich habe schlechte Nachrichten«, teilte mir meine Versicherungsberaterin kurz darauf im Zuge eines Telefonats mit. »Ein Fehler ist passiert ...«, stotterte sie zaghaft am anderen Ende der Leitung. »Ich habe wie besprochen alle alten Versicherungen gekündigt und neue Verträge gemacht, jedoch die Unfallversicherung habe ich dabei vergessen.« Puhhhhh, das ist so wie ... und noch eine in die Goschn, wenn du eh schon am Boden liegst. Denn somit hatte ich für den Zeitraum meiner Arbeitsunfähigkeit keine finanziellen Einkünfte.

SCHOCKMOMENT IN DER DISCO

Plötzlich lag ich da. Geschwächt, verletzt, frisch operiert und ohne Geld. Als Freiberufler hatte ich keine andere Absicherung und so stand ich nach der Operation vor dem finanziellen Ruin. Immer noch glaubend, ich sei eine Maschine, machte ich mich so schnell wie möglich an die Arbeit. Die Rechnungen zahlen sich nicht von allein und ich war mir sicher, »Ich bin fit genug«, um vier Tage nach meiner Schulter-OP wieder im *Praterdome*, einem Wiener Kult-Club, für *Radio Energy* die DJ-Night zu moderieren. Also stand ich da. Mit meiner Schlinge um den Arm, damit die lädierte Schulter gestützt wird, nicht merkend, dass mein Körper am Limit war. Plötzlich sah ich nur noch schwarz-weiß. Alles drehte sich, die Stimmen um mich wurden immer lauter, die Musik des DJs wurde ganz dumpf und meine Moderationstexte konnte ich kaum mehr von mir geben. Das Häferl war in diesem Moment übergegangen. Ich war am Ende meiner Kräfte. Wenige Momente später traf bereits die Rettung ein.

DIE ERSTE VON VIELEN

Dass dieser Schockmoment die erste von vielen Panikattacken darstellen sollte, wusste ich nicht, als ich früh morgens aus dem Rudolfspital entlassen wurde. Sie ließen mich eine Nacht zur Beobachtung im Krankenhaus, haben mich dann aber ohne Diagnose wieder nach Hause geschickt. Ich wusste nicht, was da genau mit mir geschah, aber das Gefühl der Hilflosigkeit, das Gefühl, als ich die Kontrolle über meinen Körper verlor und machtlos war, begleitete mich fortan.

Jedes Treffen mit Freunden, jeder Ausflug, quasi jede Aktivität wurde nach diesem Vorfall zur Herkulesaufgabe. Ich war nicht mehr der Unzerstörbare, im Gegenteil, ich war überzeugt davon, jeden Moment zu sterben, umzukippen, nicht mehr Herr meiner Lage zu sein. Ein Besuch im Kino mit meinen Freunden erwies sich als der blanke Horror. »Jetzt ist es schon wieder aus«, dachte ich, während mich meine Gefühle übermannten. Kurz darauf saß ich im Auto. Ich musste plötzlich stehenbleiben, ich konnte nicht mehr weiterfahren. Es war sogar so schlimm, dass ich die Rettung rief: »Ich glaube, ich sterbe. Ich kriege keine Luft mehr«. Das Gefühl kam immer und immer wieder zurück, egal was ich tat oder wie sehr ich auch versuchte, dagegen anzukämpfen. Gegen diese Panikattacken hatte ich keine Chance. Zum ersten Mal in meinem Leben erkannte ich, wer tatsächlich der Chef ist.

DIE PSYCHE SPIELT
UNS GERNE STREICHE

Ich war gesund. Meinem Körper ging es gut. Ich war fit. Dennoch fühlte ich mich nicht zum ersten, auch nicht zum letzten Mal in meinem Leben schwach. Die Natur zeigte mir auf, dass sie stärker ist als ich, als mein Wille und meine Muskeln.

Das Unterbewusstsein ist wie das Meer. Du gehst hinein, siehst eine kleine Welle und denkst, du kannst sie locker umgehen, sie prallt an dir ab. Doch diese kleine Welle kann dich umhauen, sie kann dich raus in die weite hohe See ziehen und du hast keine Chance. Die unterschätzte Urgewalt der Natur ist ebenso auf unser Unterbewusstsein zu übertragen. Jede Menschenansammlung, jede Autofahrt und jede Situation, die mich zurück in diesen Moment im *Praterdome* warf, löste eine riesige Welle aus. Eine Welle, der ich allein nicht mehr standhalten konnte.

Niemand ist unzerstörbar

In meinem Leben gab es viele Tiefpunkte. Als die Pfänder vor meiner Tür standen und ich dachte »Scheiße, wie zahle ich die jetzt?«. Oder als ich Trennungen durchlebte, die ich meinem damaligen Empfinden nach nie überwinden würde. Als ich meine Großmutter oder meinen Vater verlor. Als ich beruflich nicht mehr weiterkam und vor dem Nichts stand. Blicke ich heute auf mein bisheriges Leben zurück, sehe ich viel Schmerz, viele Rückschläge und einige Niederlagen. Ich habe schon viel durch. Man könnte fast sagen, einmal alles... Von der Fließbandarbeit über den Verkauf von Matratzen, von Panikattacken über Angststörungen bis hin zur Depression.

Auch wenn ich nach außen hin nicht so wirkte, im Inneren bin ich doch ein sehr emotionaler Mensch.

Die harte Schale trügt. Oft werde ich als der »Strahlemann des *ORF*« oder »Motivator der Nation« betitelt. Der, der wirklich immer gut drauf ist. Ich selbst hielt mich ja auch immer für den Unzerstörbaren, aber unter der harten Schale und dem Lausbubengrinser steckt ein weicher, verletzlicher und manchmal zerbrechlicher Kern.

KEINE SCHAM

Früher hätte ich mich vielleicht dafür geschämt, über meine Probleme und Schwächen zu sprechen, geschweige denn, sie für die breite Masse in einem Buch festzuhalten. Unsere Eltern und unsere Großeltern hätten wohl nie offen über ihre Ängste und ihre psychischen Probleme gesprochen, denn damals wurde kaum Schwäche gezeigt. Heute musst du dich aber nicht mehr schämen. Vielen anderen Menschen auf der gesamten Welt verteilt geht es nämlich genauso wie dir. Wir denken immer, wir sind allein, wir sind zerbrechlich und nur uns geht es so. Aber du bist niemals allein. Jeder Mensch hat Ängste und Sorgen und wir sind, so glaube ich, in einer Zeit angelangt, in welcher wir das auch offen kommunizieren dürfen, sogar sollen.

Heute sind Depressionen salonfähig.

Früher mussten die Menschen funktionieren. Psychische Leiden wurden oft als Einbildung abgetan und kaum ernst genommen. Ich bitte dich, diese veralteten Glaubenssätze und dieses verzerrte Mindset abzulegen. Heute sind Depressionen salonfähig. Es darf darüber gesprochen werden. Ich selbst verstand nie, was Panikattacken sind. Kaum jemand spricht darüber, deswegen dachte ich auch, ich bin allein, als es mich betraf. Ich dachte, ich sei verrückt, ich werde wahnsinnig. Dabei gibt es Panikattacken und Angststörungen schon viel länger und sie sind weitaus verbreiteter als ich annahm.

Panikattacken sind kein Konstrukt der letzten zehn Jahre. Sie sind keine Modeerscheinung, auch kein Zeichen der Schwäche oder die Verweichlichung einer gesamten Generation. Allein das Tabu, welchem sie scheinbar unterliegen und das Schweigen über psychische Probleme, machen Zustände wie Panikattacken zu etwas Fremden.

Sieben von zehn Leuten erlebten bereits Panikattacken.

Gerade in der heutigen Zeit ist die Angst allgegenwärtig. Kriege, Krankheiten, Pandemie, ein kollabierendes Wirtschaftssystem und Klimawandel sind die aktuellen Tagesthemen. Klar geht das auch auf die Psyche. Neben den großen Problemen der Menschheit kommen dann auch noch die persönlichen Krisen dazu. Und all das überlastet uns, weswegen es umso wichtiger ist, offen darüber zu sprechen und mit kleinen, aber effektiven Maßnahmen dem entgegenzuwirken.

DOWN-PHASEN GEHÖREN DAZU

Scheißzeiten, entschuldige bitte den Ausdruck, gehören im Leben einfach dazu, sie sind sogar wichtig. Auch wenn es abgedroschen klingt, so sind es oft die unangenehmen, die traurigen und die herausfordernden Phasen des Lebens, die uns auf lange Sicht weiterbringen.

Depression ist eine Chance für Veränderung.

In meinen Augen ist Depression prinzipiell eine Chance für Veränderung. Eine Chance, die wir alle bekommen. Wir haben die Chance aus Mustern auszubrechen, Entscheidungen zu fällen, die unser Leben nachhaltig verändern, oder endlich einen Schlussstrich zu ziehen. Befinden wir uns in einer Depression, gibt es oft Gründe dafür, die wir mit Willenskraft und Mut überwinden und zum Positiven verändern können. Dafür braucht es jedoch nach meiner Erfahrung professionelle Hilfe. Eine Therapeutin, einen Therapeuten die zu dir passen und dich auf deinem Weg unterstützen. »Dieser Weg wird kein leichter sein«, hat Xavier Naidoo schon gesungen. Warum sag ich das? Es ist eben nicht mit zehnmal zur Therapie gehen erledigt. Ich habe drei Jahre lang mein Leben aufgearbeitet.

Gerade in Zeiten, in denen du dich so fühlst, als würde nichts mehr gehen, als würdest du die Kontrolle verlieren oder als gäbe es keinen Ausweg mehr, lernst du unglaublich viel über dich selbst. Erst wenn du am Boden bist, lernst du, dass du stark genug bist, wieder aufzustehen, auch wenn du das nie von dir selbst erwartet hättest. Wäre ich im Leben nicht schon so richtig auf die Goschn gefallen, stünde ich heute wohl nicht jeden Morgen am Küniglberg und würde mit euch turnen. Wäre ich den einfachen Weg gegangen, oder den, den sich meine Eltern damals für mich gewünscht hätten, wäre ich mit Sicherheit nicht erfüllt. Hätte ich auf all die Kritiker und Gegner gehört, die meinten, ich werde es nie zu etwas bringen, dann wäre ich nicht der Philipp, der ich heute bin und auf den ich ziemlich stolz bin.

KEINE AUSREDEN

Wenn es um den Sport oder die Bewegung geht, sage ich immer: »Es gibt keine Ausreden«. Ähnlich sehe ich das bei mir mittlerweile auch, wenn es um meine geistige Gesundheit geht. Selbst wenn es keinesfalls einfach ist, so können wir mithilfe gewisser Methoden, Hilfsmittel und kleiner Tricks neue Kraft schöpfen, Krisen bewältigen und Down-Phasen überwinden. Dazu gehört auch, sich Hilfe zu holen. Niemand muss all seine Probleme allein lösen, manche Probleme kannst du gar nicht allein lösen. Wichtig dabei ist lediglich, dass du dich deinen Dämonen, deinen Ängsten und Sorgen endlich stellst, ohne Ausreden zu finden.

Ich predige oft, wie wichtig die körperliche Gesundheit ist. Wir haben nur einen Körper, funktioniert er nicht mehr, ist er krank, geschwächt oder nicht mehr fit, erleben wir eine massive Einschränkung in unserer Lebensqualität. Gleiches gilt für unsere geistige Gesundheit, der wir leider auch heute noch viel zu wenig Aufmerksamkeit schenken.

In den letzten Jahren habe ich es entgegen meinen eigenen Erwartungen geschafft, mich immer wieder aus einem tiefen Loch herauszuziehen. Auch wenn dieser Prozess Geduld verlangt, oft auch sehr anstrengend war, so habe ich eindeutig davon profitiert. Ich habe Wege und Rezepte gefunden, meine Psyche zu entlasten, gelernt, mit Krisen umzugehen und trotz äußerer negativer Einflüsse ein gesundes und vor allem erfülltes Leben zu führen.

Ich bin kein Psychotherapeut, auch kein Arzt oder Wissenschaftler. Ich bin einfach der Philipp aus Floridsdorf. Und ich möchte meine ehrlichen Erfahrungen, meine Zerbrechlichkeit, aber auch meine Stärken und meine Methoden für den Erhalt mentaler Gesundheit mit dir teilen. Um dich zu motivieren, um dir Kraft zu geben und um dir vor Augen zu führen, dass selbst der fitte Philipp oft im Leben am Ende seiner Kräfte war.

ENERGIE AUFLADEN

Diese Übung ist für mich mittlerweile zu meinem täglichen Morgenritual geworden. Sie verlang nach Ruhe und Entspannung. Ich suche mir ein nettes Plätzchen auf meiner Terrasse und stelle mich breitbeinig hin. Wenn möglich, suche ich die Sonne und blicke in die Richtung, in der sie aufgeht. Ich schließe die Augen, richte den Kopf nach oben und strecke die Hände nach vorne, sodass die Handflächen nach oben gerichtet sind. Nun spüre ich mich selbst, gehe in mich und versuche an nichts anderes zu denken, außer an die Energie, die gerade durch meinen Körper fließt.

Ich stelle mir immer gerne vor, wie ein Strahl durch meine Hände in meinen Körper dringt. Er durchflutet mich mit neuer Energie, er lädt mich auf und durch ihn fühle ich mich für den Tag gestärkt. Negative Energie und Gedanken atme ich dann bildlich über die Fußsohlen aus, in den Boden hinein. Wo du diese Übung verübst, ist völlig egal. Wichtig ist, dass du regelmäßig Energie tankst und, wenn auch nur kurz, jeden Morgen zur Ruhe kommst und dich mit dir selbst auseinandersetzt.

Kino im Kopf

»Früher war alles besser.« Dem Satz, den wir von unseren Großeltern mitbekommen haben, können wir auch in anderen Lebensbereichen nicht ausweichen. Auch wenn ich diesen Sager früher nie ernst nahm, so habe ich heute das schleichende Gefühl, dass da doch irgendetwas dran ist.

Als ich ein Kind war, war es der Atomkrieg. Der kalte Krieg machte uns allen Angst, wir standen kurz vor einer Katastrophe und trotzdem finde ich das, was sich heute abspielt, noch um einiges schlimmer. Angefangen bei der Corona-Krise. Die zuerst als leichte Grippe eingestufte Infektionskrankheit beeinflusste unser aller Leben der letzten drei Jahre maßgeblich. Wir sollten zu Hause bleiben, sperrten uns ein, bewegten uns noch weniger als zuvor, verbrachten noch mehr Zeit vor den Bildschirmen und verlagerten unser gesamtes Leben in unsere Wohnzimmer. Menschen in Pflegeheimen wurden völlig allein gelassen, zum Essen schoben wir ihnen ein Tablett in den Raum, Besucher bekamen keinen Zutritt. Kinder mussten Schule, Freunden und Unterricht fernbleiben und bildeten eine neue, digitale Generation. Die negativen Nachrichten und die beunruhigenden Zustände überall auf der Welt ließen auch nach Abklingen der COVID-Krise keineswegs nach. Ob Krieg, Armut, Naturkatastrophen oder Klimawandel, es wird ständig mit der Angst gearbeitet.

Nicht nur die Nachrichten, auch die Kanäle, auf denen wir diese empfangen, haben sich seit »der guten alten Zeit«

verändert. Was wir früher maximal in der Zeitung oder während der 19-Uhr-Nachrichten im Fernsehen wahrnehmen konnten, ist heute ständig, überall und sofort abrufbar. Oft, ohne es zu wollen, setzen wir uns Nachrichten aus, die uns auf Instagram, Facebook oder TikTok eingespeist werden. Der Grundtenor hier: Angst.

ANGST ALS TRIGGER

Ähnlich wie uns vergangene, unterdrückte Erfahrungen auch heute noch beeinflussen können, so kann auch Angst ein Trigger sein, der unangenehme Gefühle, Beklemmung bis hin zu Angststörungen und Depressionen auslösen kann.

Die Macht der Angst ist uns oft nicht bewusst.

Die Angst, die uns heute umgibt, betrifft nicht nur andere, nicht nur den Staat, den Planeten, Politiker oder Interessenvertreter. Die Angst betrifft nicht mehr alleine Menschen auf der anderen Seite der Welt, die Angst wird mittlerweile greifbar, betrifft das einzelne Individuum und löst Sorgen aus, die du vielleicht so in deinem Leben noch nicht erleben musstest.

Als ich noch Kind war, reichte es, wenn der Papa arbeiten ging. Die Mama war viel zu Hause. Wir zählten zum Mittelstand und konnten uns ein gutes Leben leisten. Wir konnten uns etwas aufbauen, Geld sparen und auf Urlaub fahren. Irgendwann war der Peak aber erreicht. Meine Mutter ging halbtags arbeiten und viel mehr blieb auch nicht über. Und heute? Heute ist es schon fast unmöglich etwas aufzubauen, Eigentum zu besitzen oder Geld beiseitezulegen. Erhöhte Energiekosten, steigende Mietpreise, Inflation und Krisen prägen unsere Realität.

DRUCK VON ALLEN SEITEN

Ähnlich wie die Angst, steigt auch der Druck, dem wir tagtäglich ausgesetzt sind. Firmen fordern immer mehr von ihren Arbeitnehmern, ohne sie dabei fair zu entlohnen. Wir müssen ständig informiert sein, leben großteils in der virtuellen Welt und verlieren immer mehr das Gespür für die Menschlichkeit.

Noch schneller, noch besser, noch mehr.

Alles wird schneller. Während früher eine Fahrt nach Kärnten mit einem schnittigen VW-Käfer um die sechs Stunden gedauert hat, schaffst du gleiche Distanz heute in der Hälfte der Zeit. Wo früher Briefe oder Postkarten geschickt wurden, oder wo mit dem Viertel-Telefon verbunden wurde, reicht heute ein

Wischer am Handy und schon kannst du nach Amerika, China oder Australien telefonieren. In Sekundenschnelle sind wir vernetzt. Einerseits eine technologische Meisterleistung, auf der anderen Seite eine Gefahr, da wir, in meinen Augen, nicht unbedingt dafür ausgelegt sind.

KOMPLETTE ÜBERFORDERUNG

Ich glaube, unser Hirn kommt nicht mehr mit. Vielleicht ist es meine Sportlermentalität, oder die Tatsache, dass ich schon ein wenig in die Jahre gekommen bin, aber der ständige Informationsfluss, dem wir heute ausgesetzt sind, hinterlässt seine Spuren. Wir sind überfordert, wir haben kaum mehr Zeit, uns mit uns selbst auseinanderzusetzen, sind ausgelaugt und müde. Unser Gehirn ist nicht darauf vorbereitet, ständig bespielt, unterhalten und beladen zu werden. Fügt man dieser Belastung auch noch Leistungsdruck und den Faktor der Angst hinzu, ist das Chaos vorprogrammiert. Wir gehen ein, werden depressiv, leiden unter Panikattacken und kommen schlichtweg nicht mehr zurecht. Umso wichtiger ist daher ein gesundes Mindset, die Ich-Zeit und der Ausgleich durch Bewegung.

DEIN EIGENER FILM

Ich spreche gerne vom Kino Kopf. Denn egal, was alles um uns herum geschieht, egal welche Steine uns das Universum in den Weg legt, wie viel Angst und Negativität auch verbreitet wird, letzten Endes bist du der Regisseur deines eigenen Films. Auch ich fühle mich oft überfordert, verbringe zu viel Zeit im Netz, beuge mich dem gesellschaftlichen Druck und verfolge Quoten, obwohl ich weiß, dass es mir nicht unbedingt guttut. Ich lasse mich manchmal durch Angst beeinflussen und mache mir Sorgen über meine Zukunft, unsere Zukunft und die Zukunft unserer Kinder.

Du kannst nun diese Abwärtsspirale an Negativmeldungen, Frust und Druck weiter forcieren, dich darin verlieren und im Ernstfall sogar daran zerbrechen. Leitsätze wie »Nichts klappt mehr, ich bin so schlecht«, »Das Leben ist Scheiße« oder »Ich bin so fertig, es geht nix mehr« können dich in ein immer tiefer werdendes Loch verfrachten. Die eigenen Worte und Gedanken sind stärker als du denkst. Du kannst daher auch sagen »Hey, das Leben ist geil«, »Das wird schon wieder« oder »Auch das überstehe ich« und dich durch positive Affirmationen mental selbst stärken.

DIE NEGATIV-POSITIV-ÜBUNG

Auch wenn ich versuche, so wenig Zeit wie möglich in den sozialen Netzwerken zu verbringen und meinen Medienkonsum mittlerweile deutlich reduziert habe, komme auch ich nicht daran vorbei, mich hin und wieder negativ beeinflussen zu lassen. Ich werde wie viele andere Menschen in einen Strudel der Negativität hineingezogen, aus dem ich oft nur schwer wieder herauskomme. Willst du aber der Regisseur deines eigenen Filmes werden, so versuche dich bewusst hinzusetzen und verwandle negative Gedanken in etwas Positives.

Kleines Beispiel: Denke bewusst an etwas Negatives, etwas, das dich oft belastet, an eine Sache, die du ohnehin nicht aus deinem Kopf bekommst. Du merkst, wie dich die Gedanken daran runterziehen, und jetzt denkst du bewusst an etwas Positives, etwas Schönes. Es kann eine Erinnerung sein, an einen tollen Urlaub oder eine Person, die dir Frieden und Freude spendet. Es kann auch ein Ort sein, der dich glücklich macht, ein Moment, den du mit Freunden verbracht hast, was auch immer. Hauptsache du verbannst die negativen Gedanken und setzt dir selbst einen Grinser auf. Das geht auch relativ schnell. Selbst wenn du anfangs skeptisch bist, der chemische Prozess, der in unserem Gehirn freigesetzt wird, wenn wir an positive Erlebnisse, Liebe und Geborgenheit denken, holt uns schnell wieder aus dieser Abwärtsspirale der Negativität heraus.

Das kling sehr einfach und ist es auch. Jedoch ist es so einfach, dass es schon wieder schwer ist.

Wenn du das beherrschst, kannst du sogar einen Schritt weitergehen. Du kannst positive Affirmationen in deinen Alltag einbauen, um glücklicher und zufriedener mit dir selbst zu sein und deinen Mitmenschen positive Energie mitzugeben. Meine täglichen Affirmationen beinhalten Sätze wie »Ich liebe mich und ich liebe alle meine Mitmenschen« und »Ich bin dankbar«, »Ich bin erfolgreich«. Dazu stelle ich mir auch immer Bilder vor. Ich gehe herzlich auf jeden Menschen zu, begrüße ihn, egal ob Reinigungspersonal oder Firmenchef, und begegne ihnen auf gleicher Ebene. Auch das erdet mich und hilft mir dabei, die generelle Negativität der Menschheit und der Gesellschaft zu überwinden und meine negativen Gedanken in positive umzuwandeln.

Unser Packerl

Wir schreiben das Jahr 1974. Es ist Sommer und ich wache zum Geräusch brutzelnder Schnitzel auf, die mein Vater bereits frühmorgens zubereitet. Seine morgendlichen Kocheinheiten verrieten, dass es sich um einen warmen, sonnigen Tag handeln musste. Sonntags war Badetag. Stimmte das Wetter, hielt uns nichts mehr von einem gemeinsamen Schwimmbad-Besuch ab. Mein Papa, meine Mama, meine Schwester und ich. Wir waren immer die Ersten. Wir standen vorm Angeli- oder Stockerauer-Bad, oder vor dem Strandbad Alte Donau, bevor es überhaupt aufsperrte, quasi in der Pole Position, bewaffnet mit einer vollbeladenen Kühltasche.

Denke ich an meine Kindheit zurück, kommen viele solcher Erinnerungen auf. Wir waren oft unterwegs, viel in der Natur draußen und vor allem der Sport kam nie zu kurz, was mich wohl noch heute prägt. Ob Skifahren, Schwimmen, Fußballspielen oder gemeinsame Wanderungen, Bewegung und familiäre Gemeinsamkeit gerieten nie in den Hintergrund. Im Grunde hatte ich eine schöne Kindheit, ein friedliches familiäres Zusammenleben und dennoch sind es gerade jene Situationen, die in meinem Unterbewusstsein abgespeichert sind, welche mich bis heute beeinflussen.

Wir alle haben unser Packerl mitzutragen. Erfahrungen aus unserer Kindheit, aus unserer Vergangenheit prägen uns maßgeblich, sind für unser Gemüt und unsere Reaktionen verantwortlich und das oft völlig unbewusst. Als Kinder nehmen wir nicht immer alles bewusst wahr, was um uns herum geschieht. Die Probleme der Eltern bekommen wir oft gar nicht mit, ihre Sorgen und Ängste, Streitigkeiten und Konflikte versuchen die meisten von ihnen gekonnt vor uns kleinen Gfrastern zu verstecken. Trotzdem sind selbst die Konflikte, die wir nie miterlebten, irgendwo abgespeichert. Bereits durch den Mutterleib werden uns Gene, Schmerz, Emotionen und Gefühle mitgegeben, die wir weder einordnen noch wahrnehmen können und die trotzdem ein Teil von uns sind.

Aber auch diese Wahrnehmung und die Übertragung gewisser Familiengeschichten und Konflikte sind völlig individuell. Selbst meine Schwester, mit der ich meine gesamte Kindheit verbrachte und mit der ich prinzipiell dieselbe Erziehung und die gleichen Erfahrungen teile, hat teilweise eine völlig andere Wahrnehmung unserer Vergangenheit. Erzähle ich ihr von prägenden Erinnerungen oder klaren Charakterzügen meines Vaters, sind ihr diese Erkenntnisse nie aufgefallen, oder sie nahm sie völlig anders wahr.

DAS PACKERL BLEIBT

Oft sind wir der Meinung, erwachsen geworden zu sein, Traumata aus der Kindheit schon längst verarbeitet oder vergessen zu haben. Schwammige Erinnerungen arbeiten allerdings trotzdem in uns weiter, egal wie alt, reif oder erwachsen wir auch sind.

Meine Beziehungen waren meistens durchwachsen. Heute bin ich seit acht Jahren glücklich vergeben und lebe in Harmonie, doch das war nicht immer so. Meine alten Muster quälten mich, ich verfiel ihnen regelrecht und auch wenn ich irgendwann aus ihnen ausbrechen konnte, wurde mir erst viel später bewusst, warum ich eigentlich immer nach dem Streit, der Passion, der Versöhnung und dem scheinbar nie endenden Konflikt suchte. Ich bekam es von meinen Eltern so vorgelebt.

Die Beziehung meiner Eltern war interessant. Es gab Zeiten, da führten sie beide eine Art Doppelleben, hatten Partner und Liebschaften, die sie voreinander geheim hielten oder es zumindest versuchten, auch wenn sie es vermutlich spürten. Ich habe ebenfalls einige Jahre nach diesem Modell gelebt. Zwei Frauen gleichzeitig, parallel zueinander. Zu Beginn wusste nur eine davon, später auch die andere. Und ich mittendrin. Dass dieses »Modell« weder mir noch den betroffenen Frauen guttat und keinesfalls meiner heutigen Lebensphilosophie entspricht, habe ich mittlerweile realisiert. Aber auch damals fühlte ich mich damit nicht unbedingt wohl, trotzdem fuhr ich damit fort, bei meinen Eltern hatte es immerhin auch funktioniert. Doch das Packerl war noch größer. Denn auch die Dynamik der Beziehung meiner Eltern und ihren Umgang miteinander nahm ich unbewusst in meine Beziehungen mit auf.

Als meine Mutter meinen Vater vor vielen Jahren während eines lautstarken Konflikts mit ihrem Schuh attackierte, dachte ich mir als junger Philipp nicht viel dabei. Sie stritten oft und so laut ihre Auseinandersetzungen auch waren, so liebevoll und emotional waren auch ihre Versöhnungen. Zwanzig Jahre später erlebte ich ein Déjà-Vu. Meine damalige Freundin kam nach einer durchwachsenen Nacht nach Hause, was an sich nichts Schlimmes ist, vor allem wenn du weißt, dass es länger werden könnte. Da dies aber nicht der Fall war, machte ich mir Sorgen und so ergab sich plötzlich ein heftiger Wortwechsel. Minuten später wurde geschrien und auf einmal begann sie, mit ihren Stiefeln auf mich hinzutreten.

Die Deeskalation der Situation erfolgte kurz danach mit einer »Versöhnungsnummer«.

PRÄGENDE MOMENTE

Als Kind war es normal für mich, meinem Vater am Heimweg vom Heurigen über die Schleichwege beim Lenken zu unterstützen. Meine Mutter saß hinten, mit meiner Schwester, ich vorne. »Papa, links, mach die Augen auf!«, wies ich ihn an, nicht wissend, dass mir in diesen Momenten ein Teil meiner Kindheit genommen wurde, wie ich später erfahren durfte. Auch die Momente, als ich zu Hause auf die Heimkunft meines Vaters wartete, beeinflussten mich retrospektiv gesehen mehr als ich damals annehmen konnte. Ich konnte dir als Kind anhand von Motorengeräuschen sagen, wer von den Hausbewohnern nach Hause kam. So wusste ich auch, wann es der Papa war. Bereits aus gewisser Entfernung konnte ich erkennen, dass er sich dem Haus näherte. Die Vorfreude wandelte sich prompt in Unbehagen um. »Hat er wieder getrunken?«, waren die Gedanken, die in meinem Kopf kreisten, bevor er bei der Tür hereinkam. Auch wenn es keine Gewalt uns gegenüber gab, meinem Vater nie die Hand ausgerutscht ist und ich sehr dankbar für alles bin, was er und meine Mutter für uns getan haben, so haben mich gewisse Momente geprägt. Sie beeinflussen mich bis heute und ich versuche noch immer, diese Schlüsselmomente aufzuarbeiten und zu verstehen, was sie damals in mir auslösten.

»Wann war dieses Gefühl zum ersten Mal da?«

Diese Frage stellte mir meine Therapeutin während meiner langen Reise zu mir selbst und meinen ersten Aufarbeitungsversuchen ständig. Ein beklemmendes Gefühl, ein Gefühl des Drucks, auch ein nervöses Herzrasen sind für uns oft situationsabhängig. Dabei kann genau dieses eine Gefühl schon vor Jahren, auch Jahrzehnten seinen Ursprung finden und es wird lediglich durch gewisse Trigger erneut in der Gegenwart ausgelöst.

Findest du dich manchmal in aussichtslosen Situationen oder überkommt dich ein Gefühl des Unbehagens, welches du nicht einordnen kannst, dessen Ursprung dir fremd ist, so bitte ich dich darum, in dich zu gehen und in deiner Vergangenheit zu forschen. Oft stellt sich heraus, dass längst abgeschriebene, vermeintlich verarbeitete Situationen einen Auslöser für immer wiederkehrende, negative oder belastende Gefühle darstellen. Dieses Graben in der eigenen Vergangenheit mithilfe eines Therapeuten, ist harte Arbeit. Um etwas aufarbeiten zu können, musst du erneut in den Schmerz hineingehen, der dich einst begleitete und das ist nicht immer einfach. Du musst es wollen, du musst bereit dazu sein, dich deiner Vergangenheit und deinem verletzlichen Selbst zu stellen. Ich bin überzeugt davon, dass es nie zu spät dafür ist, sich selbst neu kennen und verstehen zu lernen. Egal ob du zwanzig, fünfzig oder achtzig Jahre alt bist, solange du einen Antrieb und einen Willen hast, etwas zu verändern und an deinen Lastern zu arbeiten, wirst du auch Früchte daraus tragen.

Im Leben wird dir nichts geschenkt.

Irgendwann habe ich selbst realisiert, dass dir im Leben nichts geschenkt wird. Klar, du bekommst eine gewisse Genetik, vielleicht ein Erbe, vor allem auch ein Packerl mit auf den Weg, was du daraus machst und wie du dein Leben lebst, bleibt aber völlig dir überlassen. Du bist für dein Leben, deine Gesundheit, vor allem aber auch für deine Zufriedenheit verantwortlich. Du kannst deine Vergangenheit, Niederlagen oder Traumata vergessen und verdrängen, willst du allerdings nachhaltig geerdet und zufrieden leben, lohnt sich ein kleiner Blick in die Tiefen deines Geistes. Auch wenn das manchmal wehtut.

ICH-ZEIT

Egal ob es das eigene Packerl, familiäre Probleme oder die Negativ-Meldungen der Nachrichten sind, manchmal wird auch mir alles zu viel. Ich strahle zwar oft, bin ein positiver Mensch und dennoch geht auch mir manchmal alles und jeder so richtig am Oasch. Vor allem seitdem ich damit begonnen habe, mich selbst und mein Leben vermehrt zu reflektieren, brauche ich ab und an eine Auszeit. Eine Ich-Zeit.

Gerade in schweren Zeiten brauche ich einen Rückzugsort. Fernab von den alltäglichen Problemen und der ständigen Erreichbarkeit. Manchmal haue ich mich dafür fünf Stunden auf mein Rad. Es ist wie Meditation. Ich bin allein, ich bin draußen und trete in die Pedale ohne ein genaues Ziel. Manchmal sehne ich mich aber nach vollkommener Ruhe. Ich gehe dafür gerne in den Wald, spaziere über neue Wege und suche mir dann ein Bankerl aus, auf dem ich entspannen kann, wo ich in mich gehen kann und mich einfach nur mit mir selbst beschäftige, denn dafür nehmen sich die meisten von uns viel zu wenig Zeit. Die Kraft der Natur stärkt mich immer wieder, aber auch das bewusste Alleinsein und das bewusste Ablegen von Handy, Laptop und Informationsfluss helfen mir dabei, mich besser kennenzulernen und abzuschalten.

Abzuschalten ist eine Kunst.

Aufdrehen geht immer. Vor allem bei mir. Zack, Energie, ich bin da. Aber das bewusste Abschalten, das Runterkommen, das gelingt mir nicht immer sofort. Es fällt mir schwer, das Handy wegzulegen, nicht automatisch draufzuschauen, wenn es bimmelt und ständig neu eintreffende Informationen zu ignorieren. Ich erwische mich oft selbst dabei, mehr auf den Bildschirm als auf meine Umwelt und Mitmenschen zu achten. Und das macht mich zugegebenermaßen traurig. Deswegen habe ich meine Lieblingsplatzerl. Ich versuche, sie so oft wie möglich zu besuchen, um abzuschalten. Ich starre dabei nicht ins Kastl, sondern beobachte die Natur, höre dem Vogelzwitschern zu, spüre den Wind auf meiner Haut. Ich genieße die Gerüche des Waldes. So habe ich auch meinen Lieblingsbaum, welchen ich umarme, um positive Energie aufzusaugen. Manchmal schließe ich die Augen und gehe in mich. Ich denke. Ohne dabei Ablenkung zu erfahren. Manchmal schaffe ich es, komplett abzuschalten und verfalle in eine Art meditativen Zustand. Ich genieße die Leere und die Stille. Such auch du dir dein Platzerl, deinen Baum, dein Fleckchen Grün, dein Flussufer oder deinen Waldweg und versuche abzuschalten. Gönne dir deine Ich-Zeit. Auch wenn es sich anfangs befremdlich anfühlen kann, so ist die Zeit mit dir selbst, ganz allein, wertvoller als du denkst.

Trage dir einen Termin mit dir selbst ein.

Kennst du noch das Gefühl, durch den Schnee zu stapfen und dem Geräusch deiner Tritte zu lauschen? Oder weißt du noch, wie es sich anfühlt, wenn ein Ast unter deiner Fußsohle zerbricht, sobald du darauf trittst? Wann hast du dir zuletzt Zeit für dich allein genommen? Wann warst du zuletzt an deinem Rückzugsort in der Natur? Ich bin mir sicher du weißt, dass es dir guttun würde, trotzdem findest du Ausreden. »Ich bin müde«, »Mich freuts heute nicht«, »Die Mama hat Geburtstag«. Es scheint nie der richtige Zeitpunkt für ein Date mit dir selbst, weshalb du es dir in deinen Kalender wie einen Business-Termin eintragen solltest.

Du bist wie ein Handy, ein Macbook oder ein Auto.
Du brauchst Akku oder Sprit, um weiterzukommen.

Raus aus den alten Mustern

Auf meiner Reise zu mir selbst, den Jahren der Selbstreflexion und all der Aufarbeitung vergangener Traumata, musste ich feststellen, dass ich mich in ziemlich eingefahrenen Mustern bewege. Und dass es wohl vielen anderen Menschen genauso geht, wir uns quasi alle in gewissen Mustern bewegen. Sei es der Tagesablauf, dem du nachgehst, schlechte Angewohnheiten, die du einfach nicht loswirst, oder der Typ Mann oder Frau, für den du dich immer und immer wieder aufs Neue entscheidest, auch wenn du weißt, dass er dir eigentlich nicht guttut. Diese Erkenntnis taucht vor allem dann auf, wenn du damit beginnst, dich aktiv mit deiner Vergangenheit, deinen Erfahrungen und deinen Mustern auseinanderzusetzen. So habe auch ich irgendwann bemerkt, dass ich zum Teil selbst für die Probleme, die sich früher vor allem in meinem Liebesleben auftaten, verantwortlich war.

Irgendwann kommt die Realisation. So auch bei mir. Nach unzähligen gescheiterten Beziehungen, viel Herzschmerz und intensiven Konflikten machte es Klick. »Du greifst immer wieder zum gleichen Typ Frau, Philipp«, bestätigte ich mir selbst. Kaum war eine toxische Beziehung zu Ende, stand schon die nächste in den Startlöchern. Schmetterlinge, neue Verliebtheit und intensive Emotionen leiteten mein Liebesglück. Loderte das Feuer nicht von Sekunde eins an, interessierte mich die Frau erst gar nicht. Passion, Streit und Versöhnung. In diesen Mustern bewegte ich mich, alles andere war mir fremd. Mehr als gebrochene Herzen hinterließen diese Beziehungen leider nie. Anstatt aus Fehlern zu lernen, blieb ich meinem Beuteschema weiterhin treu, wissentlich, dass wohl auch diese Bekanntschaft nicht für die Ewigkeit währen sollte. Früher dachte ich, das ist normal, eine Beziehung muss heftige Ups und noch heftigere Downs beinhalten. Jetzt weiß ich, dass ich mir am Modell meiner Eltern eine nicht unbedingt funktionierende Dynamik aneignete. Diese Erkenntnis brachte mich zumindest in der Theorie um einen großen Schritt weiter.

Weitere kräfteraubende und konfliktgeladene Erfahrungen später lernte ich im Jahr 2015 Manuela kennen. Das Kennenlernen mit ihr war völlig anders. Ich war nicht auf Anhieb in sie verliebt. Auch die Schmetterlinge und diese gewisse Spannung, die bei mir immer Voraussetzung für eine potenzielle Beziehung waren, blieben aus. »Gib ihr doch eine Chance«, legte mir mein Freund Ribi ans Herz als er erneut miterleben durfte, wie ich kurz davorstand, eine Top-Frau ziehen zu lassen, weil mir das Kribbeln fehlte. Diesmal hörte ich auf ihn, denn mir war bereits zu diesem Zeitpunkt bewusst, ich müsse irgendwann aus diesen alten Mustern ausbrechen, um glücklich zu werden. »Probier's einfach«, sagte ich mir selbst und führte die Bekanntschaft fort. Sie musste schon damals etwas Besonderes für mich gewesen sein, sonst hätte ich sie nicht meiner Oma vorgestellt, um die ich mich damals auch kümmerte. Bereits zwei- oder dreimal nahm ich sie mit zu meiner Großmutter, bevor ich nach Hawaii flog, um mir meinen Lebenstraum zu erfüllen und dort den Triathlon zu bestreiten. In den sechs Wochen, in denen ich nicht zu Hause war, besuchte Manuela meine Großmutter, völlig unaufgefordert, selbst. Sie las ihr Geschichten vor, brachte ihr ihre geliebten Katzenzungen mit und plauderte mit ihr über Gott und die Welt, wahrscheinlich auch über mich, den Lausbua Philipp.

Manuela berührte mich auf eine völlig neue Art und Weise. Sie begeisterte mich, sie inspiriert mich noch heute und sie hat das Herz am richtigen Fleck. Heute kann ich sagen, sie ist mein Lebensmensch. Ich führe mit ihr eine Beziehung auf einer völlig neuen Ebene, die ich zuvor so nicht kannte. Außerdem ging es mir in anderen Lebensbereichen plötzlich besser. Diese gesunde und ehrliche Beziehung ist mit Sicherheit auch ein großer Teil meines heutigen Erfolgs.

Mit meinen alten Mustern stand ich mir immer selbst im Weg. Wenn du andauernd Troubles zu Hause hast, schlägt sich das auch auf dein Gegenüber in der Arbeit, deine Konzentration und dein generelles Gemüt. Bist du dann auch noch unter Druck, haut's dir fast den Vogel raus. Diesen Mustern zu entkommen ist ein Lernprozess. Nachhaltige Veränderung passiert nicht von heute auf morgen, du kannst aber bereits heute damit anfangen. Vielleicht willst du schon seit Jahren mit dem Rauchen aufhören, das hat auch bei mir gedauert, oder du möchtest endlich den Schritt wagen und dich beruflich neu erfinden. Alte Muster können uns in den verschiedensten Lebenslagen behindern. Sie blockieren neue Erfahrungen, schaden vielleicht sogar unserer körperlichen als auch geistigen Gesundheit und sind der Grund dafür, warum wir manchmal das Gefühl haben, im Leben nicht weiterzukommen.

Du wirst in deinem Leben immer und immer wieder Chancen bekommen, um Veränderung einzuleiten. Dir wird immer wieder vorgesetzt, welche Muster dir schaden. Was machst du daraus? Wo biegst du ab? Bleibst du auf der bewährten Route oder schlägst du einen Weg ein, den du zuvor noch nie gewagt hast? Du stehst immer vor einer Weiche. Wo gehst du hin?

DAS LEBEN IST LEBENSGEFÄHRLICH

Wir können noch so sehr versuchen uns in Sicherheit zu wägen, altbekannten Mustern zu folgen und ja nichts Neues zu wagen, das Leben ist und bleibt lebensgefährlich. Du kannst rausgehen und plötzlich erschlägt dich ein Blitz. Du kannst im Bus sitzen und plötzlich verliert er die Kontrolle. Von einer Sekunde auf die andere kann alles vorbei sein. Und genau deshalb ist es meiner Meinung nach so unglaublich wichtig, im Hier und Jetzt zu leben.

Das Leben im »Hier und Jetzt« mag philosophisch, fast schon romantisch klingen. Vor allem aber klingt es logisch und unabdingbar, denn wir alle leben doch im Hier und Jetzt, wo sonst sollten wir uns aufhalten? So selbstverständlich diese Floskel erscheint, umso trauriger ist die Realität, denn kaum jemand von uns lebt tatsächlich im Moment. Ich muss ehrlich gestehen, ich habe viele Jahrzehnte gebraucht, um an diesem Ort des Hier und Jetzt anzukommen. Ich war mit meinen Gedanken immer in der Zukunft, hab an das nächste, größere Ziel gedacht, ohne das vorherige überhaupt zu erreichen. Und wenn ich nicht gerade der Zukunft nachjagte, dann schwelgte ich in Erinnerungen aus der Vergangenheit, war wehmütig und unzufrieden mit meinem Ist-Zustand.

Nach einigen Jahren der intensiven Auseinandersetzungen mit mir selbst, nach vielen Rückschlägen, Trauermomenten und Überlastungen habe ich nun endlich eine Phase erreicht, in der ich Dinge einfach laufen lassen kann. Ich kann das Jetzt genießen. Ich vertraue auf den Lauf der Dinge und ich habe erkannt, nicht alles kontrollieren und vorhersagen zu können. Dass das Leben lebensgefährlich ist, war mir schon früh klar. Extremsport und waghalsige Mutproben in der Jugend zeigten mir schon sehr früh die Gebrechlichkeit unseres Körpers und die Kraft des Universums auf. Dem Lauf der Dinge allerdings zu vertrauen, loszulassen und nicht alles bestimmen und lenken zu müssen, das lernte ich erst viel später. Ob es die Weisheit der Älteren ist, die mich nun schön langsam auch begleitet, oder einfach die vielen Erfahrungen, die mich ruhiger und besonnener reagieren lassen, ich habe das Gefühl, gewissen Fragen des Lebens mit weniger Emotionalität gegenüberzustehen, ich fühle mich reifer. Wie ein guter Wein.

Dennoch muss ich gestehen, es ist noch ein weiter Weg, der vor mir liegt, um diese Ausgeglichenheit zu erreichen und die Mitte zu finden. Es ist wie in einem Computerspiel, hast du eine Aufgabe erfolgreich absolviert, kommt bereits die nächste. Das ist Leben, die Herausforderung, dich weiterzuentwickeln, Emotionen zuzulassen und aus Niederlagen gestärkt herauszukommen. Ich freue mich auf alle weiteren Aufgaben, sie sind das Salz in der Suppe, die Würze des Lebens.

DIE INNERE MITTE

Die innere Mitte zu finden ist für viele eine lebenslange Aufgabe. Einerseits wollen wir glücklich und zufrieden sein, haben Angst vor Veränderung und suchen Sicherheit im uns Gewohnten. Auf der anderen Seite wollen und sollen wir unsere Grenzen kennenlernen, müssen schwere Entscheidungen treffen und oft den Schritt ins Ungewisse wagen, um so nachhaltig etwas an unserer Zufriedenheit zu ändern und ein erfülltes Leben zu leben. Oft ist der Weg dorthin wackelig, die ersten Schritte in ein neues Muster sind kraftlos, zittrig und instabil. Irgendwann wirst du allerdings erkennen, dass du es schaffen kannst. Du kannst auf deinen eigenen Beinen stehen, deinen eigenen, neuen Weg ebnen und geerdet deine innere Mitte finden. Raus aus den alten Mustern und hinein in ein neues, optimiertes Selbst.

Suche dir eine Erhöhung, einen Baumstumpf, einen Pfeiler, oder auch nur einen großen Stein, auf den du dich stellen kannst. Platziere beide Beine stabil auf deiner Erhöhung und entferne nun langsam ein Bein. Ziehe ein Bein allmählich nach hinten und bewege gleichzeitig deinen Oberkörper nach vorne. Deine Arme kannst du zur Seite strecken, um dir beim Balancieren zu helfen. Dein Körper ist nun wie eine Waage, die sich im Gleichgewicht halten sollte. Achte auf deine Körperspannung.

Mit dem Oberkörper bewegst du dich nach vorne, während dein Bein nach hinten zieht. Bewege dich so weit nach vorne, wie du die Balance halten kannst. Bravo, äußere Stabilität stärkt auch deine innere Mitte. Findest du keine passende Erhöhung oder willst du einen Unfall vermeiden, dann führe diese Übung am Boden und nicht wie ich direkt an der Wiener Höhenstraße durch.

Versuche die Position einige Sekunden zu halten und steigere dich mit der Zeit. Denk daran, es ist die Regelmäßigkeit, die dir den Erfolg bringt und dich besser macht.

Irgendwo zwischen Panik, Angst und Depression

Das Leben weist uns oft in unsere Schranken. Egal wie viel Aufarbeitungsarbeit, Reflektion und Selbstliebe du auch betreibst, manchmal spielt das Leben anders, es fordert dich und es verlangt dir viel Stärke ab. Selbst wenn du deine innere Mitte gefunden hast, so kann diese jederzeit wieder verschoben, zerrüttet und in Ungleichgewicht gebracht werden. So ging es auch mir vor einigen Jahren, nach dem bereits erwähnten Unfall und den daraus resultierenden, mir unbekannten Zuständen.

Ich war mir nicht unbedingt bewusst, dass ich nach meiner Schulterverletzung an Panikattacken litt, ich wusste aber, dass irgendetwas mit mir nicht in Ordnung ist. Ob die Panikattacken daraus resultierten, dass ich körperlich geschwächt wenige Tage später bereits wieder im Praterdome stand, um gute Laune zu verbreiten, oder doch an der Narkose, die ich im Zuge meiner Operation nach einem Sturz mit dem Rad erhielt, weiß ich nicht. Das Gefühl eines kalten Schauers, der über den Nacken Richtung Kopf hinauffließt, verfolgte mich aber seit der Anästhesie-Spritze, die ich am OP-Tisch erhielt, bei jedem meiner Panik-Zustände.

Hilflosigkeit ist eines der schlimmsten Gefühle für mich. Die nächsten Wochen und Monate nach der Operation waren ein Albtraum. Seit dem Vorfall in der Diskothek hatte ich immer wieder das Gefühl, ich kippe gleich um. Nicht einmal eine Runde im Garten des Krankenhauses, in dem ich mich einige Zeit später selbst einweisen ließ, schaffte ich. Denn die ständige Angst trieb mich zurück in mein Bett. Nur dort fühlte ich mich sicher.

Ich war immer der Unzerstörbare, und plötzlich habe ich mir nicht zugetraut, 200 Meter zu gehen.

Egal wo, ob in der U-Bahn, während einer Autofahrt oder im Supermarkt, plötzlich ist dieses Gefühl da und du denkst, du brichst zusammen. Nachdem ich auch eine Trennung durchmachte und viel allein war, verschlimmerte sich mein Zustand. Ich habe mindestens dreimal selbst die Rettung zu mir nach Hause gerufen. »Ich glaube, ich habe einen Herzinfarkt«, waren meine Worte. Natürlich konnte nie ein organischer Schaden, ein Herzfehler, oder eine andere Erklärung für meinen Zustand im Krankenhaus festgestellt werden. Auch der Hirn-Scan, den ich unbedingt machen wollte, war völlig unauffällig. Es schien keine organischen Probleme zu geben, trotzdem hatte ich Todesangst und spürte, dass etwas mit mir nicht stimmte.

Irgendwann gewöhnte ich mich an meinen doch eher instabilen Zustand. Mir ging es zwar nicht gut, aber ich lernte irgendwie mit diesen Attacken zu leben, nahm zu jeder erdenklichen Zeit Psychopax-Tropfen ein, die auch keine Dauerlösung darstellen. Bis ich 2011, also zwei Jahre nach meiner Schulter-Operation, einen erneuten Crash hinlegte.

BRUCHLANDUNG AUF LANZAROTE

Ich war mit Freunden auf Lanzarote, um als Vorbereitung für die anstehende Triathlonsaison zu trainieren. Auf einer Bergabpassage vor der Einfahrt in einen Kreisverkehr schaltete ich vorne auf das große Kettenblatt. Ich wollte die anderen beim Herausbeschleunigen abhängen. Ich ging aus dem Sattel in den Wiegetritt und bin voll auf die Pedale draufgestiegen. Plötzlich sprang mir die Kette vorne drüber. Ich trat ins leere, verlor die Kontrolle. Ich hatte keine Chance, alles ging so schnell und spielte sich in Sekundenbruchteilen ab. Das Rad schaukelte sich förmlich auf, rechts, links, rechts, links, bis ich, ohne wirklich Geschwindigkeit abzubauen, detonierte. Bei rund sechzig Kilometern pro Stunde und 94 Kilogramm kommt da schon ordentlich was zusammen.

Ich versteh nur Spanisch

Meine nächsten Erinnerungen finden am Straßenrand, gemeinsam mit meinen Freunden statt. Ich lag da, in einem fremden Land, konnte nicht aufstehen und wurde von einer Freundin, Ali, umsorgt. Wir warteten auf die Rettung. Ich wusste nicht, was mit mir passiert war. Ich hatte Angst. Angst zu sterben. Angst vor den Konsequenzen. Angst vor dem Schmerz.

Als wir im Krankenhaus ankamen, tummelten sich Menschen um mich. Nachdem ich den Arzt wahrnahm, der mich auf Spanisch begrüßte, drückte ich ihm mein Handy in die Hand. Die Nummer meiner lieben Freundin Heidi, die Ärztin ist und zudem auch Spanisch spricht, hatte ich bereits im Krankenwagen herausgesucht. Sie kommunizierte mit ihm, während ich an die Decke starrte und auf nächste Schritte wartete.

Ich wurde durchgetestet, geröntgt und in eine MRT-Röhre geschoben. Es war alles ziemlich modern. Dann hieß es warten. Ich war allein, verstand die Sprache nicht und starrte weiterhin die meiste Zeit nur an die Decke. Mir tat alles weh, die Schmerzen waren unerträglich, auf gut Deutsch richtig zach, und noch nicht einmal Wasser durfte ich trinken, bis eine Diagnose gestellt wurde. Es war eine ziemlich harte Nacht. Allein in einem Raum und der Sprache nicht mächtig.

Am nächsten Tag durfte ich dann endlich trinken und wurde auf eine normale Station verlegt. Ich war zwar nicht mehr allein im Zimmer, allerdings war diese Station nicht unbedingt modern. Neben mir lag ein sehr alter Herr. »Hoffentlich stirbt der nicht«, dachte ich nur. Erneut lag ich einfach nur da. Ich warf ein paar Münzen in den im Zimmer angebrachten Fernseher, der wie ein größerer Fotoapparat aussah, und auch wenn ich die spanischen Seifenopern nicht verstand, waren die Stimmen im Hintergrund angenehm. Meine Freunde durften damals nicht zu mir, nur Sabine, meine damalige

Freundin, die leider 2022 einen Tag nach ihrem Geburtstag verstorben ist.

Ab nach Hause

»Serienrippenbruch, Schlüsselbein- und Schulterblattbruch und viele Prellungen«, so das Urteil der Ärzte. Die nächsten Tage im spanischen Krankenhaus erwiesen sich als sehr interessant, vor allem aber anstrengend. Jede Bewegung schmerzte, der Gang aufs Klo wurde zur Odyssee. Duschen, anziehen, urinieren, all die selbstverständlichen Handgriffe und Bewegungen konnte ich plötzlich nur noch mithilfe des Pflegepersonals stemmen.

Einige Tage später dann die Erlösung, ich durfte nach Hause. In Begleitung eines Notfallsanitäters wurde mir eine gesamte Reihe in einem Flugzeug zugewiesen, als wir in Wien landeten, holte mich ein Auto vom Flughafen ab und wir fuhren direkt ins Spital. Mein befreundeter Arzt, Paul, hatte bereits all meine Unterlagen angefordert, ich war sowieso nüchtern und konnte daher direkt am nächsten Tag operiert werden.

Die zwei Stockwerke des Krankenhauses zu besteigen
war anstrengender als jeder Bergaufstieg, den ich
in meinem Leben meisterte.

Ich hatte Schmerzen, mir tat alles weh, so als hätte mich jemand wieder und wieder geschlagen. Ich war geschwächt. Insgesamt verbrachte ich noch drei Wochen nach der Operation im Spital. Immerhin fühlte ich mich dort sicher.

HALLO, DEPRESSION

2009 erlebte ich den ersten einschneidenden Unfall. Danach kämpfte ich mit besagten Panikattacken und Angstzuständen. 2011 dann der Vorfall auf Lanzarote. Als ich nach drei Wochen Krankenhausaufenthalt entlassen wurde, war mir mulmig zumute. Ich wusste nicht, was mich erwarten würde. Wie mein Körper, aber vor allem auch mein Geist auf das erneute Trauma reagieren würden und ob ich wieder ein »normales« alltägliches Leben würde führen können. Ohne Todesangst, Herzrasen und Co.

Wie sich herausstellen würde, verfolgten mich nach meinem zweiten Sturz keine erneuten Panikattacken. Es war anders. Dunkel, traurig und leblos. Plötzlich waren es eher depressionsartige Zustände, die mein Leben einnahmen. Ein Unterschied, wie ich feststellen durfte.

Ich war nicht nur neben der Spur.
Ich war völlig aus der Spur draußen.

Panikattacken und depressive Zustände sind zwei völlig verschiedene Paar Schuhe. Ersteres fühlte sich für mich so an wie »Scheiße, ich sterbe gleich«. Zweiteres zog sich durch jeden Moment des Tages. Sprach ich mit Leuten, fühlte es sich an, als würde ich durch sie hindurchsehen. Ich war nicht zentriert, nicht in der Mitte. Nicht nur neben, sondern völlig aus der Spur draußen. Ich fühlte mich nicht gut. »Scheiße, bitte helft mir! Bitte, kommt's, nehmt's mich und steckt's mich in eine Zwangsjacke. Führt mich irgendwo hin, aber bitte, helft mir«, waren die Gedanken, die fast täglich durch meinen Kopf kreisten. Als ich nicht mehr weiter wusste, ließ ich mich einige Monate später erneut einweisen. 14 Tage. Alles durchgecheckt. Alles in Ordnung. Ich wusste nun endgültig und erneut, dass mit meinem Körper alles in Ordnung ist. Gleichzeitig wusste ich aber auch, dass irgendetwas anderes mit mir ganz und gar nicht in Ordnung ist und so musste ich mir eingestehen, dass ich Hilfe brauchte. Hilfe, die mein Leben verändern sollte.

AUFARBEITUNGSARBEIT

Psychische Probleme sind keine Einbildung, kein Zeichen der Schwäche oder ausgedacht. Psychische Probleme sind ernstzunehmende Krankheitszustände, die ohne Behandlung oder Eingreifen im schlimmsten Fall sogar im Tod enden können.

Hast du mein erstes Buch gelesen, weißt du bereits, dass ich irgendwann keine andere Lösung mehr sah als eine Therapie. Und für diese Erkenntnis bin ich unendlich dankbar.

Der Strudel, in dem wir uns befinden wenn wir nicht in unserer Mitte sind, kann uns extrem tief hinunterziehen, bis zum Untergang, bis zu dem Punkt, an dem wir nicht mehr hinauskommen. Der Strudel kann aber auch ein Warnsignal sein, ein Weckruf und eine Art Alarm, der uns daran erinnert, wieder aufzutauchen. So wurde auch ich erinnert und auch wenn es eine Weile dauerte, bis ich realisierte was ich brauchte, wusste ich nun endlich, dass ich Hilfe brauchte und dass ich diese Hilfe auch ernsthaft annehmen wollte. Meinem Körper ging es gut, die Medikamente, die ich für meine Seele bekam, waren auch keine Dauerlösung, ich wusste, im Endeffekt hilft nur Aufarbeitung.

Eine lange Reise

Die Einsicht ist bereits die halbe Miete. Geht es dir einmal wirklich schlecht im Leben, zeugt es von Stärke, das auch zu akzeptieren. Es bringt nichts, dagegen anzukämpfen, dir einzureden, es passt eh alles. Nein, manchmal musst du dich der Angst, deinen Problemen und auch deiner Vergangenheit stellen und Hilfe annehmen. Egal in welcher Form.

Nachdem ich mich selbst einwies und sich herausstellte, dass ich pumperlgesund bin, also körperlich alles völlig in

Ordnung war, konnte ich für einen Moment durchatmen. Im nächsten Moment wurde mir klar, dass ich nun eine lange Reise antreten und mich meiner Seele, meinem Geist und meinem psychischen Wohlbefinden widmen musste. Die diagnostizierte Depression, die sich später laut meiner Therapeutin als eine Angststörung entpuppte, musste behandelt werden. Daran führte kein Weg vorbei und so machte ich mich auf die Suche nach einer passenden Behandlung und ging auf Empfehlung eines Freundes zu einem Therapeuten, super Typ, wirklich gut auf seinem Gebiet, nur nach einiger Zeit war mir klar, für mich passt er in dieser Situation nicht. Ich vergleiche den Therapeuten immer gerne mit einem Trainer. Du brauchst einen, der zu dir passt, bei dem du das Gefühl hast, »da bin ich richtig, das bringt mich weiter«. Über eine langjährige Freundin und Ärztin, die Heidi, kam ich dann zu Melanie. Mit ihr bin ich nach wie vor noch in regelmäßigen Abständen in Kontakt. Heute ist sie mein Coach.

Dranbleiben

Eine Therapie bedeutet viel Arbeit. Auch wenn du dir Hilfe holst, musst du viel Kraft beweisen, an dich glauben, nicht aufgeben und dranbleiben. Du wirst viele Realitätswatschen erleben, oft am Boden liegen und musst immer wieder aufstehen.

Wie bei einem Boxkampf musst du einstecken können,
dich wieder aufraffen und zurück in den Ring gehen.

Ich habe ja bereits von dem Packerl gesprochen, das wir alle mit uns herumschleppen. Wir unterschätzen oft die Macht, die dieses Packerl über uns hat. Ich erinnere mich noch an meine ersten Therapiestunden. Dieser rote Sessel, auf dem ich Platz nehmen durfte, wurde zu meinem Anker, denn an ihm konnte ich mich festhalten. Ich heulte ziemlich oft und durfte erkennen, dass viele meiner Ängste, Sorgen und Probleme ihren Ursprung weit in der Vergangenheit haben. Durch meine Therapie lernte auch ich erst das bereits erwähnte Zurückverfolgen eines Gefühls. »Wann hast du dich zum ersten Mal so gefühlt, Philipp?«, fragte mich Melanie, meine Therapeutin, regelmäßig, vor allem als es zu Gefühlsausbrüchen kam.

Unterbewusste Trauma

Eines Tages durfte ich mit einem Styroporwürstel, so wie man es aus dem Schwimmbad kennt, meine Aggressionen abbauen. Meine Therapeutin sagte, ich solle alle negative Energie, auch Wut, in mir entladen und mit der Gummistange gegen die Wand dreschen. Es ging diesmal um das Thema mit meinem Papa, was zu einer sehr emotionalen Angelegenheit wurde. Im Nachhinein und nach weiteren Gesprächen mit Melanie erkannte ich, dass viele tiefsitzende Probleme mit mir und meinem Selbstwert auf meinen Vater zurückzuführen sind. Ständiger Leistungsdruck, Aussagen wie »Was du heute wieder gekickt hast, war ein Witz«, oder »Was hast'n schon wieder für an Schaß gspielt.« hatte ich so gar nicht mehr im Kopf, aber nach Wiedereintauchen in meine Kindheit erkannte ich deren Effekt. Ich weiß, mein Vater meinte es nie böse, ich bin ihm auch heute noch für alles unglaublich dankbar, was er mir ermöglichte, aber durch die Therapie zeigte sich, dass gewisse frühkindliche Erfahrungen mehr Einfluss auf mein späteres Leben hatten, als ich jemals für möglich gehalten hatte.

Heftig bergab, steil bergauf

Ich war zweimal eineinhalb Jahre fast wöchentlich in Therapie und konnte unzählige Erkenntnisse und sehr viel Lebensqualität daraus ziehen. Vom angeknacksten Selbstwert bis hin zu familiären Aufschlüsselungen und Selbstfindungsprozessen war wirklich alles dabei. Es war eine kräfteraubende Prozedur, die mir sehr viel Energie abverlangte, denn bei Melanie hast du keine Chance auszuweichen, sie fährt mit dir ein richtiges Programm. Was ich damit sagen will, ich kann Menschen verstehen, die aussteigen, da es ihnen zu viel ist. Ich habe oft nach einer Sitzung erst einfmal fünfzehn Minuten im Auto gebraucht, um mich zu erholen und wieder runterzukommen. Es war kein

Honiglecken, doch heute bin ich froh, diesen Weg eingeschlagen zu haben.

Die Reise geht nicht immer nur steil bergauf, es gibt auch extreme Abstürze, aber daraus können wir profitieren.

Wer sich mit seiner psychischen Gesundheit auseinandersetzt weiß, dass es oft nicht weiterzugehen scheint. Du steckst Energie hinein, kommst aber nicht voran. Das kann richtig frustrierend sein. Du stehst, probierst, sitzt, redest, weinst, schreist, bist wütend, öffnest dich und trotzdem scheint es nicht besser zu werden. Aber vertrau mir, diesen Weg zu gehen zahlt sich auf jeden Fall aus, auch wenn er hart ist. Du wirst dich besser fühlen, du wirst wieder Energie tanken und du wirst wieder deine Mitte und zurück zu dir selbst finden. Auch ich realisierte irgendwann, dass sich all die Bemühungen, die Tränen und der Schmerz lohnten, denn nur dadurch bin ich dort, wo ich heute bin. Natürlich hätte ich mir die Unfälle gerne erspart, auch die Verluste und Niederlagen, die mich mein Leben lang begleiteten, aber schlussendlich haben mir all diese Erfahrungen und die daraus resultierende Therapie die Möglichkeit gegeben, mich weiterzuentwickeln und zu dem Philipp zu werden, der ich heute bin. Der Philipp, auf den ich stolz bin.

TRITT IN KONTAKT
MIT DIR SELBST

Auch heute breitet sich ab und an dieses Gefühl der Panik aus. Ein Unbehagen oder auch nur übermäßiger Stress werfen mich zurück, rauben mir Energie.

Um dem entgegenzuwirken, trete ich regelmäßig in Kontakt mit gewissen Teilen von mir. Und zwar mit dem kleinen Philipp, dem Selbstwert, der Angst, der Hilflosigkeit, der Sicherheit und dem Vertrauen. Das sind meine Jungs, mein Team, meine Mannschaft und wenn ich es brauche, dann spreche ich mit einem oder mehreren von ihnen. Ich umarme sie und gebe ihnen das Gefühl, sie zu sehen.

ANGST

Macht sich beispielsweise die Angst bemerkbar, dann wende ich mich zu ihr: »Hey, du bist ein Teil von uns«, oder »Heute spielst du uns wieder einen Streich«. Die Angst ist ein feinfühliger Charakter. Sie ist für mich wie ein Wassertropfen, der sich um mich schmiegt, auch wenn das verrückt klingt, und sie freut sich, also die Angst, wenn ich ins Wasser gehe.

SICHERHEIT

Danach widme ich mich der Sicherheit. Sie sagt mir: »Hey, es ist alles in Ordnung, keine Sorge«, und schon fühle ich mich besser.

DAS KLEINE ICH

Der kleine Philipp ist das Kind in mir. Das zerbrechliche, kindliche Selbst. Das kleine Ich steckt in jedem von uns und braucht manchmal spezielle Aufmerksamkeit. Spüre ich, dass mein weicher Kern verletzt ist, oder fühle ich mich so, wie ich mich auch als Kind in einer Situation gefühlt habe, dann spreche ich mit dem kleinen Philipp. Die Sicherheit kommt dann wieder, oder auch das Vertrauen und der Selbstwert, und gemeinsam finden wir eine Lösung.

Der Atem ist mein Anker

Wenn selbst Gespräche mit meinem Team nichts mehr nutzten, wenn mein Herz zu rasen begann und mir schwindelig wurde, versuchte ich mich oft mit meiner Atmung zu fangen. Auch heute nutze ich diesen Trick noch. Egal ob im Sitzen, im Stehen oder im Gehen, fühlst du dich übermannt von deinen Gefühlen, bist du nervös, wirst zittrig oder hast keine Energie mehr, dann kann dir eine Art Mantra dabei helfen, zurück zu dir und deiner Mitte zu finden.

1. Atme tief ein und aus.

2. Während des Ausatmens sagst du dir bewusst und völlig klar folgenden Satz vor:

   Mein Atem ist mein Anker.

3. Du atmest weiter und wiederholst diese Entspannungs-übung mehrere Male, bis du dich in einer Art meditativem Zustand befindest.

Das bewusste Atmen, vor allem aber das bewusste Aufsagen und Einbrennen gewisser Ankersätze, kann dir in instabilen Situationen weiterhelfen. Ist dein Atem für dich nicht dein Anker, dann kannst du auch andere Mantras verwenden:

Mir geht es gut, ich bin gesund.

Ich bin körperlich und mental stark.

Ich liebe mich und meine Mitmenschen.

Investition in dich selbst

Für mich waren die depressiven Phasen meines Lebens eine Art Weckruf, eine Chance für Veränderung. Ich erkannte, dass neben körperlicher Fitness auch der Geist nach Aufmerksamkeit, Liebe und Zuwendung verlangt. Dass es nichts Wichtigeres als Gesundheit und Zufriedenheit gibt und dass wir alle nur diesen einen Körper und vermutlich auch nur dieses eine Leben haben und wir deswegen vor allem in uns selbst investieren müssen, egal auf welcher Ebene.

Gesundheit ist das wichtigste Gut.

Wie fühlst du dich, wenn du krank bist? Wie fühlst du dich, wenn dein Körper nicht so arbeitet, wie du gerne hättest? Wenn du einen Schnupfen oder Fieber hast? Du bist nicht zu einhundert Prozent leistungsfähig, du leidest und du merkst, wie verletzlich du bist. Umso wichtiger ist es, dass du gesund bist und dich gesund hältst. Das sollte auch eine treibende Kraft und eine allgegenwärtige Motivation in deinem Leben sein. Gesundheit. Niemand wird sie dir schenken, du musst etwas für sie tun. Klar, Genetik, Alter und andere Kriterien können wir nicht beeinflussen, aber wir können unsere Gesundheit fördern und unterstützen. Keiner wird für uns mitturnen, spazieren gehen, oder mit dem Rauchen aufhören. Niemand wird uns zwingen, uns gesund zu ernähren oder auf unsere Psyche zu achten. Leider reagieren die meisten

Menschen erst dann, wenn es schon fast oder bereits zu spät ist. Erst wenn sie eine Diagnose haben, krank sind oder in Therapie müssen, ändern sie etwas an ihrem Lebensstil. Ich möchte dich auffordern und motivieren, bereits heute einen kleinen Schritt zu machen und auf dich und deinen Körper zu achten. Bist du fit, bist du gesund und selbstständig. Bewegst du dich, bist du mobil, bist du automatisch glücklich, denn deine Lebensqualität steigt. Wir wollen Spaß im Leben haben, Freude an der Bewegung finden und nicht wie ein Schwamm dahinvegetieren, oder?

BEWEGUNG BRINGT ENERGIE

Bewegen. Bewegen. Bewegen. Hätte ich während meiner Tiefphasen keinen Sport betrieben, hätte ich nicht die Möglichkeit gehabt, mich zu bewegen, wäre ich schon längst völlig zerbrochen. Ich hätte keine Kraft, keine Energie, vermutlich auch keinen Lebenswillen mehr gehabt, denn gerade in den Zeiten, in denen ich mit Panikattacken und Angststörungen zu kämpfen hatte, in den Zeiten, in denen ich mit Verlust zu kämpfen hatte, brachte mich vor allem der Sport voran. Er half mir dabei, nicht völlig die Spur zu verlieren, mich nicht aufzugeben und gab mir zumindest für kurze Zeit das Gefühl, Kontrolle über mich und mein Leben zu haben und stark zu sein.

Auch während meiner Therapie konnte ich viel Kraft aus dem Sport ziehen. Er hilft mir eigentlich, seitdem ich denken kann. Vom Schwimmen und Kicken als kleiner Bub bis hin zum Radfahren und dem Ironman als junger Erwachsener und meinen Leistungen heute, als Vorturner der Nation. Egal in welcher Lebensphase oder Krise ich mich gerade befand, Sport bildete die Konstante.

Auch die Psyche profitiert

Die Motivation sich zu bewegen ist für viele rein physisch. Sie wollen Muskeln auf-, Fett abbauen oder an ihrer generellen körperlichen Fitness arbeiten. Vergiss aber nie, dass der Sport auch Balsam für deine Seele ist.

Körperliche und mentale Stärke gehen Hand in Hand.

Fühlst du dich manchmal mental schwach? Instabil? Oder fragil? Investiere in dich selbst und steuere dagegen. Sport gibt dir nämlich weitaus mehr als Muskeln. Er macht dich mental stark. Du hast Zeit nachzudenken, gleichzeitig schaltest du den Kopf aus und konzentrierst dich auf dein nächstes, unmittelbares Ziel. Im Idealfall bist du sogar an der frischen Luft, vergisst Handy, Computer und soziale Medien und kannst bildschirmfreie Zeit so aktiv genießen und nutzen. Bewegst du dich, dann bist du bei dir, denn es geht nur um dich und deinen Körper. Nichts und niemand steht dazwischen. Fokussierst du dich nur auf dich, schöpfst du aktiv Kraft daraus. Durchbeißen ist die Devise, denn aufgegeben wird nur ein Brief. Auch wenn du denkst, du schaffst diese Kilometer, die nächsten Wiederholungen oder dein gesetztes Limit nicht, dann probiere es erneut oder stecke dir neue Ziele. Habe Spaß an der Bewegung und verausgabe dich nicht. Es geht nicht darum, der Schnellste, Beste oder Stärkste zu sein, es geht darum, in dich, deinen Körper und deinen Geist zu investieren. Ist dein Kreislauf nicht in Schwung, bist du eingerostet, ist auch dein Immunsystem geschwächt. Deine Muskulatur kann dich nicht mehr unterstützen und du hast schon in jungen Jahren Probleme, die eigentlich erst im hohen Alter auftreten sollten.

Wir alle brauchen eine körperliche Basisausbildung,
du wirst noch lange davon profitieren.

Ob du nur Spazieren gehst, einen Marathon rennst oder Springschnur springst, ist dabei völlig egal. Hauptsache Bewegung.

DU BIST WAS DU ISST

Das, was wir essen, beeinflusst nicht nur unser Gewicht und unsere Statur, sondern auch unsere Psyche. Unser Darm und unser Gehirn hängen zusammen, senden sich gegenseitig Signale. Dieser Informationsfluss wird auch Darm-Hirn-Achse genannt und geht in beide Richtungen, wobei jedoch etwa neunzig Prozent davon vom Darm ausgehen.

Ich bin weder ein Ernährungsberater, noch ein Diät-Junkie. Ich faste nicht und gönne mir gerne mal einen guten Burger oder meine heiß geliebten Tortellini Carbonara, ohne Ei, dafür mit Brokkoli. Die Dosis macht nämlich das Gift. Bewegst du dich regelmäßig und achtest auf eine ausgewogene Ernährung, darfst du auch mal sündigen, Schnitzel mit Pommes oder ein gutes Langos genießen. Das Leben ist zu kurz, um auf jegliche Freuden zu verzichten, achte aber dennoch immer auf dich und die Bedürfnisse deines Körpers. Vitamine sind im Schnitzel keine, auch wichtige Ballaststoffe wirst du in den Pommes eher nicht finden. Bei einem Spaziergang im Wald kannst du aber Bärlauch pflücken, den du zu einem wunderbaren Pesto verarbeiten kannst.

Wenn du Augen und Ohren offenhältst, wirst du auch merken, dass es im Winter anderes Gemüse im Supermarkt gibt als im Sommer. Es gibt die Spargel- und die Kürbiszeit, die Natur zeigt uns auf, was gut für uns und für sie ist. Sei also achtsam in deiner Ernährung, schau auf Regionalität und kaufe saisonal ein, gönn dir aber auch manchmal das, was dich wirklich glücklich macht.

RUNTER VOM GAS UND
RAUS IN DIE NATUR

In dich selbst zu investieren bedeutet auch, mal runter vom Gas zu gehen. Dass Allein-Zeit wichtig ist, habe ich ja bereits erwähnt. Auch die Entschleunigung und das bewusste Zurücknehmen können Körper und Geist heilen, deren Gesundheit fördern.

Hör auf deinen Körper. Fühlst du dich krank und schwach, dann kurier dich aus und geh nicht sofort wieder in die Arbeit. Bekämpfe nicht immer nur Symptome, um schnellstmöglich wieder leistungsfähig zu sein, sondern analysiere die Ursachen, um ihnen nachhaltig entgegenzuwirken. Tanke Energie im Wald, am Berg oder im Park. Frische Luft und Sonnenschein, selbst Regen und Schnee, sind wahre Wohltuer und können dir dabei helfen, in unserer schnelllebigen Welt runter vom Gas zu gehen.

Körper und Geist gibt's nur im Doppelpack. Vernachlässigst du einen der beiden, wird es auch dem anderen auf Dauer nicht gut gehen. Erst wenn du realisierst, dass deine körperliche Gesundheit und dein Wohlbefinden in einer direkten Wechselbeziehung mit deiner psychischen Gesundheit stehen, wirst du auch verstehen, warum ich ständig über die Relevanz von Bewegung spreche. Ich weiß, das ist alles nichts Neues, aber ich möchte dich motivieren, dir erneut einen Schub mitgeben und dir vor Augen führen, wie wichtig der Erhalt sowohl geistiger als auch körperlicher Gesundheit ist.

EINFACH BEWEGEN

Das einfache Bewegen fängt beim Spazieren gehen an und hört beim Marathon auf. Die beste Investition in dich selbst passiert nach eigenem Verlangen und eigener Einschätzung. Willst du mit dem Joggen anfangen oder dich schlichtweg mehr bewegen, musst du keine großen Distanzen zurücklegen. Du musst weder zehn noch fünf, auch nicht einmal drei Kilometer zurücklegen. Fange langsam und vorsichtig an. Laufe entspannt vor dich hin oder spaziere die Strecke entlang. Eine halbe Stunde spazieren gehen oder ein Mix aus Laufen und Gehen versprechen bereits eine Verbesserung im Lebensgefühl. Und wenn du merkst, du kannst eines Tages noch weiter laufen, wenn du merkst, deine Kondition und deine Kraft sind plötzlich erhöht, dann nutze diesen Schub, sieh es als Motivation und lauf beim nächsten Mal noch ein kleines Stückchen weiter. Wichtig ist wie schon öfters erwähnt – die Regelmäßigkeit!

Der Umgang mit Verlust

So sehr wir auch in uns selbst investieren und so genau wir auch auf unsere körperliche sowie geistige Gesundheit achten, im Leben können wir leider nicht alles kontrollieren. Manchmal werden wir vor Herausforderungen gestellt, die nicht vorhersehbar sind. Herausforderungen, die uns zurückwerfen, die all die harte Arbeit gefühlt ungeschehen erscheinen lassen. Denn die Trauer, die Angst oder die Wut, die wir ertragen müssen, wenn wir beispielsweise einen geliebten Menschen verlieren, ist stärker als jede Form der Selbstpflege.

Verlust ist in unserem endlichen Leben unumgänglich. Auch wenn ich es lange nicht wahrhaben wollte, musste auch ich mich bereits von geliebten Menschen verabschieden. Vor allem am Verlust meines Vaters hatte ich noch lange zu kauen. Ich durfte aber gerade dadurch lernen, in jeder Situation das Positive zu sehen. Ich lernte plötzlich, vor allem die kleinen Momente zu schätzen und habe außerdem festgestellt, dass es für mich wohl auch so etwas wie Schutzengel gibt.

EIN LETZTES GESPRÄCH

Ein baldiger Abschied zeichnete sich bereits ab. Mein Vater war krank, viele Möglichkeiten gab es nicht mehr und wir wussten, es wird nicht mehr lange dauern, bis sein Körper aufgibt. Ich war traurig, auch ängstlich, dennoch war mir ein vermeintlich letztes Gespräch, ein intensives Zusammensein, wichtig und so besuchte ich ihn auf der Onkologie im damaligen Wilhelminenspital, einem Wiener Krankenhaus. Ich wusste, es wird wohl meine letzte Chance sein, ungelöste Konflikte zu bereinigen, Themen, die mir auf dem Herzen lagen, anzusprechen, vor allem aber auch meine Liebe zu ihm noch ein letztes Mal auszusprechen und mich bei ihm zu bedanken.

Ich erzählte von Erinnerungen aus meiner Kindheit, den Ausflügen ins Schwimmbad und gemeinsamen Abenteuern, die ich nie vergessen werde. Er wiederum sprach aus seinem Leben. Geschichten aus seiner Kindheit und Jugend, Familienangelegenheiten und Erinnerungen, die ich so noch nicht kannte. Irgendwann wurde es ruhig. Er wurde ernst. »Ich will nicht sterben, Bua«, entgegnete er mir, mit einem Blick, den ich nicht mehr aus dem Kopf bekommen sollte. Einen Moment lang war ich sprachlos. Plötzlich stand der Arzt im Zimmer. Mein Vater wandte seinen Körper zu ihm und plötzlich, zack. Sein Bett brach in sich zusammen. Mein Vater krachte inklusive dem Gestell zu Boden. Kurzer Schockmoment, doch dann blickte ich zu ihm, er sah mich an und wir konnten uns das Lachen nicht mehr verkneifen. Scheinbar hatte er sich nicht verletzt und wir konnten uns kaum noch halten. Kurz darauf verließ auch der Arzt und die inzwischen hinzugezogene Pflegerin nach Wiederaufbauen des Bettes das Zimmer. Wir kehrten zu unserem Gespräch zurück. Weinten, lachten, umarmten uns und hörten einander zu.

14 Tage später, an einem Samstagmittag, verstarb mein Papa. Man könnte meinen, ich wäre vorbereitet gewesen, aber wenn der Moment kommt, ist niemand vorbereitet. Es schmerzt. Und trotzdem bin ich heute wie damals unglaublich dankbar für die letzten Momente, das letzte gemeinsame Lachen und Weinen und das letzte Gespräch. Diesen Moment kann uns niemand nehmen. Wann immer auch du die Chance in deinem Leben haben wirst, dich zu verabschieden, Dinge zu bereinigen und ein letztes Mal Liebe zu teilen, nimm diesen Moment unbedingt wahr. So schwer der Abschied auch sein mag und so sehr du dich vor einem »Auf Wiedersehen« fürchtest, du wirst für immer dankbar für diesen einen, letzten Moment sein.

Emotionen zulassen

Verlierst du einen geliebten Menschen, lass die Emotionen unbedingt zu. Auch wenn das manchmal gar nicht so leicht ist.

Ich glaube, dass es so eine Art Schockstarre gibt. Wir Menschen sind in der Lage, in schwierigen Momenten abzuschalten, alles auszublenden, in einer Art Trance oder auch Energie zu verweilen, die uns hilft, traumatisierende Erfahrungen kurzzeitig zu vergessen. Wir funktionieren einfach. Nachdem ich etwa gegen 14 Uhr an besagtem Samstag über das Ableben meines Vaters informiert wurde, fuhr ich ins Spital, um ihn nochmal zu sehen. Was ich sah, war nur mehr die Hülle, die Seele war gegangen. Der Kontakt mit dem Tod löst bei vielen Menschen ein ungutes Gefühl aus, doch gehört er zum Leben dazu. Ich streichelte ihm noch einmal über den Kopf und gab ihm ein letztes Bussal. Auch heute noch, wenn ich diese Zeilen schreibe, drückt es mir die Tränen in die Augen und das, obwohl es zwanzig Jahre her ist.

Um 19 Uhr sollte ich eine Veranstaltung in der Stadthalle, ein Motorsport-Event, moderieren. Ich informierte die Organisatoren, sie stellten mir frei, ob ich den Job antreten möchte. Letzten Endes habe ich mich dafür entschieden. Ein Full House erwartete mich, mit etwa 7.000 Menschen auf den Tribünen. Ich stellte mich auf die Bühne, verbreitete wie immer gute Laune und arbeitete mit der gleichen Philipp-Energie, die auch sonst meine Moderationen ausmacht. Am Ende gab es die Siegerehrung. »Und der erste Platz geht an...!«, schrie ich in mein Mikro, während die Menge tobte. Kurz darauf durfte ich mich entfernen. Ich rannte von der Bühne und heulte los. Wie ein Schlosshund. Sobald das Licht weg und das Mikrofon aus war, konnte ich meine Tränen nicht mehr in Zaum halten. Im hinteren Teil der Stadthalle kam mir dann auch noch der damalige Marketingchef und guter Bekannter entgegen, wir zogen uns in ein kleines Kammerl zurück und weinten gemeinsam. Er erzählte mir von seinem bereits verstorbenen Vater, ich ihm von meinem.

Momente wie diese vergisst du dein Leben lang nicht. Auf dem Weg nach Hause sah ich meinen Vater dann überall sitzen. Auf dem Bankerl am Straßenrand, bei der Bimstation, egal wo ich hinsah, er war da.

Viele Menschen hielten mich damals für verrückt oder konnten nicht verstehen, wie ich es aushielt, dieses Event zu moderieren, so kurz nach Eintreffen der Hiobsbotschaft. Das bewusste Abschalten und der Fokus auf das Event halfen mir dabei, diese drei Stunden zu überstehen. Wie bereits erwähnt, du funktionierst. Die Emotionen ließ ich danach aber trotzdem zu, ich konnte gar nicht anders.

Auch wenn du manchmal stark sein musst, für deine Kinder, deinen Partner, wegen deiner Arbeit, die dir auch in den dunkelsten Zeiten deines Lebens viel abverlangen wird, so musst du dennoch irgendwann Emotion, vor allem Trauer zulassen.

Weinen ist wichtig. Weinen tut gut.
Weinen entspannt. Weinen reinigt.

Irgendwann musst du auch wieder aus der Emotion raus und dich mit den Hürden des Alltags und des Lebens beschäftigen. Nimm dir all die Zeit, die du brauchst um zu trauern, aber finde immer wieder den Ausgang und kehre zurück in deine wahrhaftige Gefühlswelt.

LOSLASSEN UND
LOSGELASSEN WERDEN

Ich bin ein alter Esoteriker. Wenn ich so über das Loslassen und meinen Vater nachdenke, kann ich mir nicht alles logisch erklären. Dennoch möchte ich meine Gedanken und Erfahrungen mit dir teilen.

Nachdem mein Vater verstarb, war ich über mehrere Jahre hinweg der festen Überzeugung, dass ich ihn nicht loslassen konnte. Eines Tages traf ich mich mit Herbert, einem alten Freund, der meinen Vater noch aus Volksschulzeiten in Erinnerung hatte. Den alten Jelinek, den Außendienstler, mit Stecktuch und Sakko, hatte er scheinbar noch klar vor Augen. Wir beschäftigten uns gerne mit mystischen Praktiken, dem Erfahren und Kennenlernen des inneren Selbst. An diesem Tag spielten wir uns mit Kabbala-Zahlen, einem Zahlenraster aus der jüdischen Mystik. Plötzlich starrte Herbert in die Ecke des Raumes. »Heast, dein Papa ist noch da«, staunte er. Er beschrieb ihn, als hätte er ihn zuletzt gestern gesehen, dabei muss es zu diesem Zeitpunkt mindestens dreißig Jahre her gewesen sein, dass sich die beiden vor unserer Volksschule begegneten. »Lass ihn endlich gehen«, forderte mich Herbert auf. »Papa, bitte geh, Papa, bitte geh!«, schluchzten und weinten wir gemeinsam.

Die Situation klingt und war spooky, allerdings auch interessant. Jahre später habe ich im Zuge meiner Therapie erneut

Aufarbeitungsarbeit geleistet und mit meiner Therapeutin den Verlust meines Vaters und das Gefühl des Nicht-Loslassens besprochen. Irgendwann habe ich für mich realisiert, dass er derjenige war, der nicht loslassen wollte. Ich lernte, ihn gehen zu lassen, langsam ließ er mich auch gehen, bis er irgendwann immer weiter in die Ferne reiste und wir beide Frieden fanden.

Lasse los, aber vergiss nie

Wir Menschen vergessen schnell. Wir unterdrücken Trauma, Trauer und Tränen und schieben Erinnerungen, die eigentlich positiv sind, aufgrund eines Verlustes in den Hintergrund. Bis sie irgendwann ungewollt, ausgelöst durch einen Geruch, ein Lied oder ein Gefühl, hervorgerufen werden und dann unkontrolliert aus uns herausströmen. Die heutige Welt ist schnelllebig und uns bleibt oft nicht genug Zeit, Erfahrungen nachhaltig zu verarbeiten. Wichtig ist es in meinen Augen daher zwar, irgendwann loszulassen, abzuschließen und Frieden zu finden, nie aber zu vergessen. Halte dir vor allem die guten Zeiten mit deinen verlorenen Liebsten vor Augen. Denk nicht immer nur an den Verlust, sondern lebe die Zeiten hoch, die ihr gemeinsam hattet.

IM VERGÄNGLICHEN FINDEST DU DAS BESONDERE

Das Leben endet leider irgendwann. Für uns alle. Auch wenn wir unsere Augen davor verschließen, diese Tatsache nicht wahrhaben wollen, so müssen wir sie doch früher oder später akzeptieren. Die Akzeptanz hilft irgendwann auch dabei, eine gewisse Gelassenheit und Zufriedenheit zu leben, denn nur so lernen wir das, was wir haben, die Zeit, die uns noch bleibt, zu genießen und dankbar dafür zu sein.

Manchmal realisiere ich nicht, wie sehr sich mein Familien- und Bekanntenkreis bereits verkleinert hat. Ich werde oft erst dann traurig, ja richtig melancholisch, wenn sich die Festtage nähern und ich an die Weihnachtsfeiern der Vergangenheit zurückdenke. Wir verbrachten die Feiertage bei meinen Eltern. Meine Schwester, meine Mama, mein Papa und ich. Nach der Bescherung fuhren wir gemeinsam zu meinen Großeltern, den Eltern meines Vaters, den Jelineks. Dort wartete auch schon meine Tante und das Spektakel ging weiter. Den folgenden Tag verbrachten wir mit der Familie meiner Mutter. Gutes Essen, Geschenke, vor allem aber die innige und schöne Zeit gemeinsam, das Lachen, das Singen und das Erzählen von Geschichten fehlen mir am meisten. Es war herrlich. Heute gibt es das so nicht mehr. Ich habe selbst nicht einmal mehr einen Christbaum, es gibt nicht mehr viele Menschen, mit denen ich

Weihnachten verbringe und trotzdem ist diese Ära, die ich in so schöner Erinnerung habe, eine, die ich nie missen wollen würde. Es ist eine Ära, die gerade so besonders ist, weil sie vergänglich ist.

Verwandle Trauer in Dankbarkeit

Wann auch immer wir an vergangene Zeiten, verstorbene Menschen oder sich nie mehr wiederholende Erinnerungen zurückdenken, werden wir traurig. Wir vermissen. Wir verstehen nicht, warum es vorbei sein muss. Dabei sollten wir damit anfangen, diese Trauer in Dankbarkeit und Positivität umzuwandeln. Ich denke oft zurück an meine Großmutter, an die wunderschönen gemeinsamen Erlebnisse, an ihre Nusstorte mit extra viel Parisercreme und Marzipanrosen für ihren Burli, ihre Geschichten von früher, das Twinni-Eis, das wir uns immer teilten und an ihre Weisheit. Anstatt in Negativität und Selbstmitleid zu versinken, bin ich mittlerweile dankbar. Dankbar, dass ich so eine großartige Frau in meinem Leben haben durfte und dankbar für die Liebe, die sie mir schenkte. Denke ich zurück an die vergangenen Ären, bin auch für die Feste, das Gelächter und die vielen Menschen, die mich in meinem Leben begleiteten, dankbar. Ich lache, ich lebe für sie weiter und halte mir die schönen Momente immer und immer wieder vor Augen.

Die Seele der Toten ruht in den Gedanken der Lebenden.

Auch wenn es esoterisch, kitschig oder klischeehaft klingt, ich bin der festen Überzeugung, dass die Menschen, die uns bereits verlassen haben, in uns und unseren Gedanken, unseren Taten und unseren Emotionen weiterleben. Meine Oma und auch mein Vater hätten sicher nicht gewollt, dass ich sie in Trauer und Schmerz weiterleben lasse. Die Vergänglichkeit macht das Leben nämlich erst so richtig besonders. Die Momente, die wir nicht mehr haben, schätzen wir dann umso mehr. Die Menschen, die nicht mehr unter uns weilen, lassen wir hochleben.

WIR SIND MEHR

Ich folge der tiefen Überzeugung, dass wir Menschen mehr als nur ein Körper sind. Wenn jemand stirbt, dann hinterlässt er eine Hülle, der Körper ist plötzlich wie ein Pullover, den er sich ausgezogen hat. Doch die Seele, das was uns ausmacht, die lebt in meinen Augen weiter.

Vor vielen Jahren las ich aufgrund eines Interviews im Zuge meiner Arbeit bei PulsTV das Buch *Die Schutzengel AG*. Ich kann es sehr weiterempfehlen und muss noch heute oft an eine Passage zurückdenken, die mich zum Nachdenken anregte.

Der Autor beschreibt den Moment, als er zum ersten Mal mit seinem Schutzengel in Verbindung tritt und erkundigt sich bei ihm über das Leben nach dem Tod, was da ist, wie wir uns das da oben vorstellen können und darüber, was Schutzengel eigentlich sind und wo sie herkommen. »Das wäre das Gleiche, als würde ich versuchen, einer Ameise, für die das Höchste und Größte, dass sie kennt, ein fünfzig Zentimeter hoher Ameisenhaufen ist, zu erklären, was wir Menschen so machen. Wir fliegen auf den Mond, fahren mit Autos und transplantieren Organe. Eine Ameise würde das vermutlich nicht verstehen. Und so ist es auch, wenn ich versuchen würde, dir meine Welt zu erklären«, antwortete der Schutzengel.

Ich sehe das ähnlich. Es gibt da noch etwas, etwas nach dem Tod. Wir verstehen es nur noch nicht. Denn momentan sind wir noch unwissende Ameisen, die keine Ahnung haben, was auf sie zukommt.

DER LAUF DER DINGE

Wir müssen den Lauf der Dinge akzeptieren. Wir werden unser Vermögen nicht mit auf den Friedhof nehmen, wir können noch so viel Besitz haben, all das ist am Ende nichts wert. Wir können versuchen, das Ende zu verzögern, aber verhindern können wir es nicht. Egal wie gesund wir leben, egal wie sehr wir uns kosmetisch verjüngen und egal, wo auf der Welt wir leben und welche Ärzte wir uns leisten können.

Auch wenn der Tod unvermeidbar ist, so erschüttert er uns trotzdem immer wieder aufs Neue. Egal wie sehr wir denken, darauf vorbereitet zu sein, egal wie lange wir jemanden auf seinem Leidensweg bis hin zur Erlösung begleiten, bereit ist für den Abschied niemand.

Hast du die Möglichkeit, dich zu verabschieden, ein letztes Gespräch zu führen, nimm diese Gelegenheit unbedingt wahr. Auch wenn es einfacher scheint wegzusehen, oder du die Realität von dir fernhalten möchtest, so wirst du im Nachhinein für diese Gelegenheit unglaublich dankbar sein. Außerdem bietet dir ein letztes Gespräch eine Art inneren Frieden, einen Abschluss. Ist es bereits zu spät, dann denke immer daran, die schönen Momente zu schätzen und hochleben zu lassen. Trauere zwar und nimm dir deine Zeit, lass aber auch irgendwann los und verwandle Trauer in etwas Schönes, in ein Gefühl für die Ewigkeit.

BALANCEAKT

Manchmal fällt es uns schwer, die Balance zu finden. Zwischen Trauer und Weitermachen, zwischen den Momenten der Ruhe und dem täglichen Stress. Du weißt ja mittlerweile, dass ich gerne in den Wald gehe, Ruhe suche, wenn das Leben zu laut ist. Fühle ich mich unausgeglichen, besonders traurig oder hilflos, dann versuche ich, die innerliche Balance mit der körperlichen zu kompensieren.

Körper und Geist sind eng miteinander verwoben, weshalb physische Anstrengungen, Bewegungen und Aufgaben oft psychische Veränderungen mit sich bringen können. Das symbolische Balancieren des eigenen Körpers kann daher auch zu innerer Balance verhelfen.

Suche dir bei deinem nächsten Spaziergang einen Baumstamm, ein Holzbrett oder eine Erhebung im Boden. Alternativ kannst du dir auch zu Hause ein Seil auf den Boden legen oder eine Slackline spannen. Versuche nun über deine Hürde zu balancieren. Strecke die Arme zur Seite, richte deinen Körper auf und taste dich Schritt für Schritt voran, bis du ohne Probleme balancieren kannst. Halte dir immer vor Augen, dass du auch diese Hürde überwindest und nutze sie als Symbol für all die Hürden, mit denen du gerade zu kämpfen hast.

Karriere und Selbstfindung

»Geh zur Post, oder zur Polizei, da hast a Sicherheit«, hat es früher immer geheißen. Am liebsten wäre es meinem Vater wohl gewesen, hätte ich Jura oder Medizin studiert, aber auch mit einem ansehnlichen Beamtenberuf wäre er zufrieden gewesen. Wie du wahrscheinlich weißt, ist daraus nichts geworden. Ich bin meinen eigenen Weg gegangen.

Ich hielt mich immer irgendwie über Wasser und fand stets einen Weg, um mir mein Leben zu finanzieren. Egal ob in der Gastronomie, als Postler, als Matratzenverkäufer, Fließbandarbeiter, Bauleiter, Trainer oder Moderator. Ich war mir für keine Arbeit zu schade und all die Erfahrungen und die Stärke, die ich durch meine vielfältigen Ausübungen gesammelt habe, machen mich zu dem Philipp, der ich heute bin. Wäre ich den linearen Weg gegangen, den, den mein Vater für mich in Aussicht hatte, wäre ich mir nicht selbst treu geblieben.

ES GIBT KEINE SICHERHEIT

Meiner Meinung nach gibt es prinzipiell keine Sicherheit. Egal in welchem Lebensbereich. Ich erwähnte bereits, dass das Leben lebensgefährlich ist und wir in Wahrheit kaum Kontrolle besitzen. Früher hieß es immer »geh zur Post« oder »geh zur Bahn«. Das seien sichere Jobs, da könne uns nichts passieren. Bist du ein Beamter, bist du geschützt. Doch tatsächliche

Sicherheit gibt es in keiner Branche, in keinem Job und in keiner Firma. Beamte gibt es nicht einmal mehr in der gleichen Form wie noch vor einigen Jahren, auch altbekannte geschützte Werkstätten und Betriebe weisen heute keine lebenslange Garantie für gutes Gehalt und Sicherheit auf. Allein aus diesem Grund konnte ich die Worte meines Vaters schon in der Jugend nicht ernst nehmen, denn wer kann mir schon vorhersagen, welcher Job »sicher«, vor allem aber passend für mich ist?

Ich bin ein Risiko-Typ.

Hinzu kommt wohl auch, dass ich gerne Risiken eingehe. Der einfache, der langsame, oder der »sichere« Weg interessierte mich noch nie und erschien mir schon immer als langweilig. Egal ob mit zwei oder mit vier Rädern, auf Skiern oder am Wasser, ich bin immer etwas zügiger als der Durchschnitt unterwegs. Etwas Adrenalin, ein wenig Fahrtwind und unbekanntes Terrain reizen mich. Allerdings versuche ich auch immer, das Risiko zu kalkulieren, mich nicht in Gefahr zu begeben und den Kopf dabei nie völlig abzuschalten. Ähnlich ging ich auch meinen Karriereweg.

Wer Risiken eingeht, der fliegt auch auf die Schnauze. Ob beim Radfahren oder im Berufsleben, die Rückschläge und Niederlagen können nur auftreten, wenn wir Risiken eingehen und Neues wagen. Aber auch nur dann können wir Träume verwirklichen, Erfolge feiern und nachhaltige Veränderungen erzielen. Außerdem können uns Niederlagen beflügeln, sie stärken uns und zeigen auf, wieviel tatsächlich in uns steckt. Auch wenn es anfänglich wehtut, so können wir aus jedem Rückschlag, egal ob beruflich oder privat, Erkenntnis und Kraft ziehen.

EINE NIEDERSCHMETTERNDE NACHRICHT

Studiert habe ich nie. Auch einen Beruf habe ich niemals fertig ausgelernt. Aber ich hatte schon immer eine Vision, ich hatte Ziele, ich wusste, wo ich einmal hinwill, und das schon als kleiner Floridsdorfer Bua. Bereits der kleine Philipp wusste, wo seine Stärken liegen. Er konnte Menschen begeistern, animieren und motivieren.

So ergatterte ich, nach vielen, vielen Jahren harter Arbeit, nach vielen Nachtmoderationen in der Diskothek und unzähligen anderen Jobs, meinen ersten Radiojob bei *Energy*, dann im Fernsehen bei *ATV* und später *PulsTV*, heute *Puls4*, dem größten österreichischen Privatfernsehsender. Für mich wurde ein Traum wahr. Fernsehen war das Endgame, der Endgegner, das Medium, wo ich schon immer hinwollte. Endlich bekam ich die Chance, von der ich schon lange träumte.

Ich durfte mich austoben. *PulsTV* wurde zu meiner Spielwiese und ich moderierte innerhalb kürzester Zeit vier oder sogar fünf Formate. Neben »Thema des Tages« war ich auch in Quiz- und Sport-Sendungen zu sehen. Die Krönung sollte dann das Frühstücks-Fernsehen werden. Gemeinsam mit Johanna Setzer, die auch heute noch fixer Bestandteil des *Café Puls*-Teams ist, sollte ich das zweite Team der Morgen-Show bilden. »Yesssss«, dachte ich nur. Endlich habe ich es geschafft. Ich kann mich etablieren, kann meine Lebensfreude und meine Motivation schon früh morgens mit der Nation teilen und endlich zeigen, was ich draufhabe.

Ich weiß nicht, ob es an meinem Mundwerk oder an meiner generell direkten Art lag, doch bevor ich noch zum ersten Mal das Frühstücksfernsehen moderieren durfte, wurde ich gekündigt. Alle Tätigkeiten beim Sender wurden eingestellt. Ich war am Boden zerstört.

Ich möchte anmerken, dass ich ein sehr umgänglicher Mensch bin. Eigentlich bringt mich so schnell nichts aus der Ruhe. Ich kann dir gerne einmal, zweimal, auch dreimal sagen, wenn mich etwas stört. Auch ein viertes Mal. Aber wenn du es beim fünften Mal nicht verstehst, dann kommt halt schon der richtige Floridsdorfer Bua aus mir raus. Dann kann es auch schon einmal zum verbalen Erguss kommen. Auch bei *PulsTV* bekamen meine Kollegen meinen Missmut über die ständig nachhängenden Gehaltseinzahlungen zu spüren. Damals arbeitete ich auf Honorarbasis, habe die Buchhaltung des Öfteren an die Überweisung meines Gehaltes erinnert, geschehen ist allerdings nichts. »Freunde, diese Energie, die ich jetzt hier im Büro verbrenne, um an mein Gehalt zu kommen, könnte ich zehnmal besser unten im Studio einsetzen. Ich habe Miete und Fixkosten zu zahlen, kann doch nicht so schwer sein«, wandte ich mich an die Zuständigen. Als trotzdem nichts passierte, wurde ich lauter, das schien einigen Mitarbeitern nicht zu passen und so musste ich gehen.

Es fühlte sich an wie ... ane in die Goschn.

Ich stand so kurz vor meinem Ziel und plötzlich war alles vorbei. Ich fühlte mich beschissen, ich war am Boden, wertlos, wie ein Verlierer. Mein Ego war angekratzt und meine Motivation schien mich plötzlich zu verlassen. Ich dachte ständig nur daran, wie es nun weitergehen sollte. »Was soll ich jetzt machen?«, war die große Frage, die ständig meine Gedanken einnahm.

»Philipp, vergiss es. Mach einen anderen Job. Das wird nichts mehr in der Medienbranche«, meinte mein Umfeld. Kaum jemand glaubte an mich oder meinen Traum, außer ich selbst. Und selbst als es nach der Wirtschaftskrise 2008 auch mit den freiberuflichen Moderationen finanziell nicht mehr so gut lief wie noch einige Jahre zuvor, gab ich nicht auf.

TIEFPUNKTE BEFLÜGELN

Für einige Wochen nach meiner Kündigung fühlte ich mich verunsichert. Wie ein Häufchen Elend schlenderte ich durch die Gegend, nicht fassend, dass ich so kurz vor dem Ziel gescheitert war. Erleben wir Niederlagen, so denken wir oft, wir sind die einzigen Menschen, denen es so ergeht. »Warum ich?«, »Das kann nicht sein«, oder »Ich bin nicht gut genug« sind Gedanken, die uns verfolgen und in manchen Fällen sogar einnehmen können. Ich durfte allerdings lernen, dass es genau diese falschen Glaubenssätze zu verbannen gilt. Anstatt an einem Fehltritt oder einer vermeintlichen Niederlage zu zerbrechen, sollten wir uns von ihnen beflügeln lassen, sie als Chance sehen.

Jetzt erst recht.

Jeder sollte sich eine Phase der Trauer oder der Wut gönnen. Ähnlich wie beim Umgang mit Verlust gehören negative Emotionen dazu. Du solltest sie auch rauslassen, wenn du eine Niederlage erfährst, um sie nicht in deinem Unterbewusstsein aufzustauen. Früher oder später solltest du aber wieder in Fahrt kommen. Mich hat der Rauswurf nach einer kurzen Down-Phase plötzlich motiviert. Ich dachte »Jetzt erst recht« und ließ mich nicht durch eine gescheiterte Chance unterkriegen oder von der Verwirklichung meines Traumes abbringen. Jetzt komme ich.

Und zwar noch viel stärker und zielstrebiger als bisher. Aufgeben gibt's nicht. Aufgeben ist für mich keine Option.

IMMER WEITERMACHEN

Eines meiner Mottos, egal ob es um einen Triathlon oder berufliche Weiterentwicklung geht, ist: »Dranbleiben. Verfolge deinen Weg und deine Ziele«. Nach meiner Kündigung bei *PulsTV*
ging es erst so richtig los. Ich absolvierte Castings, nahm jeden
Moderationsjob an, den ich ergatterte und war mir nie für irgendetwas zu schade. Über die Jahre hinweg nahm ich auch
an unzähligen *ORF*-Castings teil. Ich glaube jahrzehntelang
versuchte ich mein Glück bei Österreichs öffentlich-rechtlichem
Fernsehen. Von *Barbara Karlich*, einer bekannten Talkshow,
bis hin zu Sportsendungen, egal was es war, ich war vor Ort,
um mich zu beweisen.

> *»Wir konnten leider keine Eignung für*
> *das Fernsehen feststellen.«*
>
> *- ORF*

Plötzlich der erneute Tiefschlag. Ein offizielles Schreiben des
ORF, in dem klar ausgedrückt wurde, dass ich scheinbar keine Eignung für das Fernsehen hätte. Ein Schreiben, welches

meine Träume erneut zertrümmern sollte. Sie schickten mich quasi heim, nicht einmal auf die Ersatzbank, sondern sie schlossen mich völlig vom Spiel aus, da »keine Eignung« vorhanden sei. Erneut schlichen sich Zweifel ein, ich versuchte, das Ganze nicht ernst zu nehmen, versuchte weiterzumachen und mich nicht unterkriegen zu lassen. Zwei, drei Jahre später saß ich beim Friseur und bekam einen Anruf vom *ORF*-Sportchef: »Servas Jelinek, wir machen was!«. Innerlich war ich aus dem Häuschen, endlich lohnte sich die harte Arbeit, das Weitermachen. Doch als mich dann nach drei Wochen kein weiterer Anruf, keine weitere Information bezüglich der Sendung erreichte, machte sich erneut Skepsis in mir breit. Ich rief an, um mich zu erkundigen, nur um zu hören: »Na, wir machen's doch nicht«.

*Egal wer dir sagt, du kannst das nicht, du schaffst das nicht –
schenke diesen Worten keine Bedeutung.*

Wie du wohl weißt, wurde letztendlich doch etwas aus meinem Traum, aus der Sendung und meinem Wunsch, Menschen zu motivieren. Und das, obwohl mir Kollegen, Freunde und Familienmitglieder davon abrieten. Jahrzehntelang.

Ein »Nein« beflügelte mich schon immer. Euch zeige ich, dass es geht. Böse Zungen behaupten, ich seie schwer zu bändigen. Doch wenn ich mir etwas in den Kopf setzte, konnte mich eben niemand so schnell davon abbringen. So auch bei meinem beruflichen Werdegang.

Kennst du deine Stärken und hast du ein klares Ziel vor Augen, ist die Meinung außenstehender Personen völlig irrelevant. Du solltest am besten wissen, welchen Weg du gehen willst. Mittlerweile freuen sich die Menschen, die mir früher von meinen Träumen abrieten, über meine Errungenschaften. Ich bin mir sicher, auch mein Vater schaut von oben runter und ist mittlerweile stolz auf seinen Burli. In meinen Augen habe ich es geschafft. Was jedoch nicht heißt, dass ich zufrieden bin und mich auf meinen Lorbeeren ausruhe. Dankbar, das bin ich, denn ich habe den schönsten Job der Welt. Es ist mir ein Anliegen oder besser gesagt meine Mission, dass sich Kinder wieder mehr bewegen und dass die Menschen gesund, fit und selbstständig, mobil altern.

PASSION ALS ERFOLGSREZEPT

Wenn es um mein »Erfolgsgeheimnis« oder meine Einstellung zu Beruf und Karriere geht, komme ich gerne auf die Erfahrungen meiner eigenen Mutter zurück.

Meine Mutter ist eine sehr kreative, talentierte und vielseitig begabte Frau. Sie wollte schon immer eine Ausbildung im Verkauf machen, in einer Fleischerei oder einem Wurstgeschäft arbeiten. Leider wurde ihr dieser Wunsch schon relativ früh verwehrt, denn sie musste den Beruf der Schneiderin erlernen. Ihren eigenen Traum erfüllte sie sich mit etwa vierzig Jahren. Sie begann am Wiener Schlingermarkt beim Innungsmeister zu arbeiten, auch wenn ihr Umfeld nicht gerade begeistert davon war. »Na Trude, wie kannst du das machen? Dich auf den Markt stellen ... was machst du da? Das ist doch ein Wahnsinn.«, wandte sich meine Tante warnend an ihre Schwester. Doch meiner Mutter war das egal. Ihr hat die Arbeit am Markt getaugt, sie ist dort aufgegangen, führte Konversation mit den Kunden und war schnell jedermanns Liebling am Schlingermarkt. Einige Jahre später übernahm sie sogar ein kleines Kaffeehaus, direkt am Markt. Humor kam dort nie zu kurz und die meisten Besucher sind nicht wegen des einmaligen Kaffees, sondern wegen dem Charme meiner Mutter vorbeigekommen. Plötzlich war sie ein Star. Aus dem Schatten meines sonst im Vordergrund stehenden Vaters erarbeitete sie sich ihre eigene Karriere und ihren eigenen Status. Auch wenn sie nicht mehr die Jüngste war, so war es für sie nie zu spät, ihrem Instinkt zu folgen und umzudenken. Sie war glücklicher denn je am Schlingermarkt.

Machst du das, wofür du brennst, wirst du irgendwann belohnt, da bin ich mir sicher.

Lebt's euch aus! Das ist mein Motto. Jeder merkt es automatisch, wenn du das, was du tust, gerne machst. Wenn du es liebst, wenn es deine Passion ist, versprühst du eine völlig einzigartige Energie. Es klingt zwar leicht gesagt, aber du darfst einen Beruf nie nur allein wegen des Geldes ausüben. Auf Dauer macht dich das nämlich unglücklich und krank. Schaffst du es, deine Leidenschaft zum Beruf zu machen, stehst du hinter dem, was du machst, dann kommt auch irgendwann der finanzielle Erfolg. Er kommt nicht zwar nicht von jetzt auf gleich, aber früher oder später wirst du für deine Selbsttreue und deine Passion belohnt.

ES IST NIE ZU SPÄT

Egal wie alt, jung, erfahren oder unerfahren du bist, es ist nie zu spät, etwas an deinem Lebensweg zu verändern. Bist du unglücklich dort, wo du gerade bist, musst du nicht aus Zwang oder des Geldes wegen dort verweilen. Auch wenn es oft aussichtslos scheint, so bin ich mir sicher, dass es immer eine Lösung, einen Ausweg oder eine Alternative gibt.

In jedem Unternehmen, in jedem großen Konzern gibt es Menschen, die sich dort jahrelang, sogar über Jahrzehnte hinweg oder lebenslang wohlfühlen. Andere verlieren irgendwann den Esprit, bleiben aber dort wo sie sind, weil sie gut verdienen und sich bereits etabliert haben. Auch ich hatte einen Kollegen, der mindestens 25 Jahre lang im Betrieb tätig war. Nach vielen Jahren setzte allerdings Frustration ein. Der Job erfüllte ihn nicht mehr. Nach langem Überlegen und vielen weiteren trostlosen Arbeitstagen reichte es ihm und er kündigte. Es verlangte viel Mut, immerhin trennte er sich von einem eingeschweißten Team, einem Arbeitsplatz, dem er seit vielen Jahren treu war, und einem ansehnlichen Gehalt. Doch Geld ist wie gesagt nicht immer alles. Mittlerweile arbeitet er in einem jungen Unternehmen mit einer völlig anderen Dynamik. Er ist mit knapp vierzig Jahren der Älteste dort, fühlt sich aber unglaublich wohl und ist stolz darauf, den Schritt ins Ungewisse gewagt zu haben.

Erst kürzlich hatte ich das Vergnügen, mit einer netten Dame zu plaudern. Sie war in meinem Alter, also um die fünfzig Jahre alt, und auch sie machte erst kürzlich einen harten Branchenwechsel durch. Die letzten dreißig Jahre verbrachte sie nämlich bei einer Bank. Zahlen, Daten, Rechnungen, Schreibtisch und Büro waren ihr täglich Brot. Doch irgendwann wollte sie dem Leistungsdruck und dem Bankleben entkommen. Sie wusste, es war nicht das Richtige für sie und sie wagte den Ausstieg. Jetzt ist sie Grab- und Hochzeitsrednerin. Sie inspiriert und berührt nun mit ihren Worten Menschen an den emotionalsten Tagen ihres Lebens. Sie ist sicher, dass der Berufswechsel ihr einen neuen Lebenssinn verlieh.

Der richtige Zeitpunkt ist jetzt.

Egal um was es im Leben geht, es ist nie zu spät. Meine Zuseher, ihr da draußen, ihr inspiriert mich täglich und zeigt mir auf, dass auch im höheren Alter nichts unmöglich ist. Willst du mit 65 ein Studium beginnen, dann tu es! Willst du mit Ende fünfzig noch einmal eine neue Karriere einschlagen, wage es! Mit 87 wieder zu turnen beginnen? Auch das ist möglich! Solange ein Wille da ist. Wir tendieren oft dazu das, was uns glücklich macht, in die Zukunft zu verschieben. Erst muss hart gearbeitet werden, Geld muss verdient werden, erst dann dürfen wir uns unseren Hobbys und Leidenschaften widmen. Ich finde, dann ist es bereits zu spät. Der richtige Zeitpunkt scheint für viele Menschen nie gegeben zu sein. Dabei ist der einzig richtige Zeitpunkt jetzt. Schiebe deine Zufriedenheit nicht weiter auf. Das Leben ist zu kurz dafür, die Zeit die wir haben, sollten wir mit einer für uns sinnvollen, erfüllenden Tätigkeit verbringen, zumindest sollten wir uns mit unserer Arbeit wohlfühlen. Ist dies nicht der Fall, plädiere ich auf Veränderung.

In jedem von uns lauern versteckte Talente.

Was kann ich? Was kann ich nicht? Hast du dir diese Fragen bereits gestellt? Ich glaube wir wissen oft gar nicht, welche versteckten Talente in uns lauern. Umso wichtiger ist es, aufmerksam zu sein und alles auszuprobieren, was dich reizt. Ich wusste selbst jahrelang nicht, dass ich zeichnen kann. Ich konnte in der Schule nie zeichnen. Autos bekam ich noch irgendwie hin, Menschen nicht einmal annähernd. Vor etwa zehn Jahren saß ich mit meiner Familie zu Hause bei der Mama am Esstisch. Ich nahm ein Stück Papier zur Hand. Zuerst zeichnete ich das Spielzeugpferd meiner Nichte und dann meine Großmutter. Meine Mutter lehnte sich über den Tisch um mein vermeintliches Gekritzel zu begutachten und war plötzlich völlig perplex. »Seit wann kannst du zeichnen? Das gibt es ja nicht ...«. Manchmal dauert es etwas länger, bis einem der Knopf aufgeht, oder in meinem Fall, dass du es zeichnerisch darstellen kannst.

Ich bin mir sicher, jeder Mensch besitzt gewisse Fähigkeiten und Skills, die ihm nicht bewusst sind. Wir vergessen oft, wo unsere Leidenschaften liegen, sehen sie als Kindheitsspäße an, obwohl oft so viel mehr dahinterstecken kann. Befasse dich bewusst mit deinem Skill-Set und den Dingen, die dir Freude bereiten, wer weiß, auf welche Talente du noch stoßen wirst.

VISUALISIERE DEINE ZIELE

Ich besuche Kinder an Schulen. In ganz Österreich. Nicht nur um mich mit ihnen zu bewegen und ihnen den Spaß am Sport näherzubringen, sondern auch um sie zu motivieren und ihnen etwas für ihren weiteren Lebensweg mitzugeben. Vor allem eine Message liegt mir besonders am Herzen:

Glaub an deine Träume.

Egal ob Kinder oder Erwachsene, die Gesellschaft, auch unser Umfeld versuchen uns vorzugeben, was wir mit unserem Leben machen können und was nicht. Menschen versuchen uns vorzuschreiben, welchen Bildungs- und Karriereweg wir gehen müssen, um glücklich und erfolgreich zu sein, was wir uns aber tatsächlich wünschen, ist dabei leider völlig egal. Deswegen fordere ich dich nun auf, an dich zu glauben. An deinen Visionen, Zielen und Plänen festzuhalten und nicht klein beizugeben, nur weil dich irgendjemand vom Gegenteil überzeugen möchte.

Um dir bei dem Glauben an dich selbst zu helfen, bitte ich dich, an eines deiner Lebensziele, einen Berufswunsch oder einen unerfüllten Traum zu denken. »Welche Träume und Ziele habt ihr?«, fragte ich auch die Schüler während einem meiner Besuche. »Ich möchte Trapez-Artistin werden«, antwortete ein quirliges junges Mädchen. Anhand ihres Beispiels möchte ich dich jetzt durch die Visualisierung führen:

Schließe deine Augen. Stelle dir vor, du bist mittlerweile 18 Jahre alt. Es ist dein großer Abend und du betrittst zum ersten

Mal die Manege. Die Tribüne ist rappelvoll, ausverkauft, und das Publikum tost. Der Scheinwerfer strahlt einzig und allein auf dich und die Menge applaudiert. Langsam wird es ruhig. Du blickst nach oben und streckst deinen Arm aus. Das Trapez kommt dir von oben entgegen. Graziös schwingst du dich hinauf und präsentierst die ersten Figuren. Du legst eine mörderische Show hin und die Zuschauer sind begeistert.

»Wie fühlt sich das an?«, fragte ich das Mädchen im Anschluss. Sie strahlte.

Meiner Meinung nach hilft das Visualisieren und das Konkretisieren von Träumen dabei, diese zu verwirklichen. Die einen nennen es Manifestieren, ich nenne es schlichtweg den Glauben an uns selbst. Du musst dich immer wieder selbst in dieser einen Situation sehen, du musst den Moment leben, als wäre er bereits Realität. Dann wird es auch klappen. Bei mir war es bisher auch immer so. Ich sehe die Zukunft immer schon im Vorhinein durch mein geistiges Auge. Ich sehe dieses Buch, ich sehe, wie die Leute bei künftigen Work-Outs mitturnen, wie die Nation gesünder und aktiver wird.

Verinnerliche auch du ab heute deine Träume. Glaube an dich, dann funktioniert es auch.

DAS LEBEN IST WIE EIN ÜBERRASCHUNGSEI

Weißt du was du kannst, wirst du immer deinen Weg finden. Es werden sich in deinem Leben noch so einige Türen schließen. Es wird sich aber auch immer wieder eine neue Tür auftun. Du musst mutig genug sein, die Tür hinter dir zu schließen, die andere aufzumachen. Das Leben ist nämlich wie ein Überraschungsei. Du kannst nie alles planen, du weißt nicht, was drinnen ist, aber der Mut, zu neuen Dingen aufzubrechen und etwas zu ändern, wird deinem Leben einen völlig neuen Sinn und eine neue Dynamik verleihen.

Es wäre ja auch fad, wenn ich mich heute bewerbe und sofort ein »Super Philipp, hier hast du deine eigene Sendung! Morgen fängst du an.« zurückkommen würde.

Herausforderungen gehören zum Leben einfach dazu.

Im Leben geht es nicht nur diagonal aufwärts. Manchmal geht alles bergauf, es läuft, du fühlst dich beflügelt, feierst Erfolge. Dann geht es plötzlich steil bergab. Du musst sowohl beim Aufstieg als auch beim Abstieg oder sogar Absturz einen kühlen Kopf bewahren. Aufgeben spielts nicht. Und auch die Vorwürfe, die du dir vielleicht in einigen Jahren selbst machen würdest, weil du nie diesen Schritt zur Veränderung gewagt hast oder auf halber Strecke aufgegeben hast, möchte ich dir ersparen.

Du kannst dich von Niederlagen zerschmettern lassen und nie wieder aufstehen, du kannst aber auch das Positive in jeder Situation sehen. Wenn die Sonne scheint, dann gehe hinaus und schrei: »Herrlich, die Sonne scheint!«. Wenn es regnet, dann stelle dich ins Freie und denke dir: »Boah, ist das geil!«. Saug das Leben auf und lass dich nicht von Neidern und Nicht-Verstehern runterziehen.

Es braucht Biss im Leben, denn niemand wird dir etwas schenken. Mit der richtigen Portion Motivation und Power wirst du aber alles erreichen, was du willst. Du wirst auch aus den negativen Phasen des Lebens Erkenntnis und Stärke ziehen. Egal wie oft es regnet, die Sonne, die kommt wieder.

ENTDECKE NEUE WEGE

Es ist nie zu spät. Es ist nie zu spät, das Fahrradfahren, Schwimmen, Skifahren oder Eislaufen zu lernen. Es ist auch nie zu spät, neue Wege einzuschlagen und die gewohnten Orte zu verlassen.

Erfolgserlebnisse durch Bewegung können uns pushen, sie schenken uns neue Motivation und bringen uns im Leben voran. Schaffen wir es, einen neuen Berg zu erklimmen oder mit dem Fahrrad eine bis dato unbekannte Strecke zurückzulegen, setzen wir Zeichen. Ein Zeichen der Stärke, des Mutes und der Willenskraft.

Schwing dich also auf dein Fahrrad, hol dir deine Wanderstöcke oder zieh dir die Sportschuhe an und halte Ausschau nach neuen Routen und Wegen. Sei offen für Abenteuer, wage Neues und verliere dich nicht im Trott und der Einfärbigkeit des gewohnten Alltags.

Einstellungssache

Wir alle haben Probleme, Ängste und Sorgen. Egal wie banal deine Probleme vielleicht auf einen Außenstehenden wirken oder wie belanglos dir die Sorgen deines Gegenübers erscheinen, unser Päckchen, unsere psychische und körperliche Ausdauer, weisen uns in unsere Schranken, egal wie belastbar wir auch scheinen. Ich kann noch so viele Tipps, Übungen und Erfahrungen mit dir teilen, nichts von alle dem wird dir helfen, wenn deine Einstellung die falsche ist. Denn in Wahrheit ist vieles im Leben reine Einstellungs- und Kopfsache.

AUTHENTIZITÄT

Innere Zufriedenheit verlangt nach Authentizität. Wer glücklich sein will, der sollte er selbst sein, zumindest sehe ich das so. Nur wenn ich zu mir selbst ehrlich bin, mich nicht verstelle und wahrhaftig ich bin, ist der erste Schritt zur Selbstliebe, zur Akzeptanz und zu einem glücklichen Leben getan. Wir können versuchen zu lügen und uns in einem besseren Licht darstellen, aber der Druck, dem wir uns dabei aussetzen, ist anstrengend und zehrt an unserem Wohlbefinden.

In meinem Leben begegnete ich schon einigen Blendern. Ich spüre sofort, wenn der Schein dem Sein überwiegt und appelliere an alle Menschen, zurück zu ihrem Kern, ihrem Selbst zu finden und dieses auch nach außen zu tragen. Reduziere dich auf das Wesentliche, auf das, was du bist. Zeige dich und dann kommt auch der Erfolg und das Glück. Die Menschen nehmen dich automatisch anders und ehrlicher wahr.

Es zahlt sich aus

Authentisch zu sein lohnt sich, das durfte ich bereits in vielen Situationen erfahren. Auch wenn mein Weg zum großen Erfolg vielleicht etwas länger gedauert hat, so war ich dabei immer zu einhundert Prozent Philipp. Vielleicht hat es auch genau deswegen so lange gedauert, das Ergebnis freut mich daher aber umso mehr.

Vor vielen Jahren sah ich eine Stellenausschreibung für *Premiere*, den Fernsehsender. Sie suchten einen Sportmoderator. »Perfekt«, war meine Reaktion und so bewarb ich mich für die Stelle. Wie es sich gehört, bereitete ich mich auf das anstehende Bewerbungsgespräch vor. Ich informierte mich über alles, was es gerade im Sport zu wissen gab und kam, wie immer eigentlich, selbstbewusst an. Nach der ersten Frage die Ernüchterung. »Wer soll denn sowas wissen?«, dachte ich nur, nachdem mich die Herrschaften über irgendeinen Trainer aus der zweiten Liga ausfragten. Auch die anderen Fragen konnte ich nicht immer vollständig oder richtig beantworten. Das danach folgende Gespräch lief wie geschmiert. Jedoch gestand ich, etwas selbstironisch und mit einem Grinser: »Mein Test-ergebnis können Sie unten am schwarzen Brett aushängen ... Jelinek, null Punkte!«.

Authentizität hat viel mit Energie zu tun, mit deinem Auftre-ten. Egal ob jemand mehr weiß als du, qualifizierter oder geeig-neter für eine offene Stelle ist, mit der richtigen Energie kannst du alles schaffen, jeden Job ergattern und jedes Spiel gewin-nen. Ich habe mich nie verstellt. Noch heute fragen mich die Kollegen im *ORF* früh morgens: »Philipp, warum bist du immer so gut drauf?« »Naja, ich bin halt so«, meine Antwort. Ich bin gut drauf, mach Späße, bin auf gut deutsch gesagt ein bissl deppat und mach meine Spompanadeln. Aber das ist herrlich, das liebe ich am Leben und das macht mich aus. Ich kann ich sein. Ein großer Lausbua. Sei du auch du, denn du kannst es in deinem Leben nie allen recht machen, egal wie sehr du es auch versuchst.

Ich kann mich zwar verstellen, aber die Menschen werden trotzdem über mich sprechen. Da ist es doch gescheiter, sie reden über den richtigen, den echten Philipp. Nicht über irgendeine Kunstfigur, die es in Wahrheit gar nicht gibt.

MENSCHLICHKEIT

Auch der Umgang untereinander kann wegweisend und entscheidend sein. Ich versuche zum Beispiel, jeden Menschen zu lieben. Egal wo er herkommt, welchen Beruf er ausübt oder wie er aussieht. Klar gehen mir manche Menschen auch richtig auf die Nerven, manchmal reißt mir auch die Hutschnur und der Floridsdorfer Bua kommt zum Vorschein, in der Regel kommt es aber aus dem Wald so zurück, wie du hineinschreist. Und danach lebe ich.

Wenn ich in den Supermarkt einkaufen gehe und die Dame an der Kasse sehe, die wohl schon seit Stunden hart arbeitet und dafür oft nicht einmal ein »Danke« oder ein Lächeln bekommt, kann ich mich nicht zügeln: »Na hallo, einen Wunderschönen! Wie geht's denn heute?«. Plötzlich unterbricht sie das monotone »Piep, piep, piep, piep«. Und ein Lächeln kommt zurück. Auch die anderen Menschen unterhalte ich. Der Grant und die Negativität, die Ungeduld und die Unzufriedenheit, die viele Menschen plagen und vor allem im Supermarkt oft zum Vorschein kommen, interessieren mich nicht. Ich stehe zwischen den Einkaufswägen, zwischen dem Gedränge und dem Geraunze und lege los: »Uuuuund willkommen zum großen Duell, da geht's dahin. Kassa eins gut dabei, aber Kassa zwei legt nach und schon kommt der nächste. Es wird aufgelegt in einem Karacho...«. Und die Menschen lachen. Sie vergessen kurz ihren Zorn, ihre Müdigkeit oder ihren Stress und ich liebe es, sie zu unterhalten, egal wo ich bin.

Oft merken wir gar nicht mehr, wenn eine Person an uns vorbeigeht, wir grüßen sie nicht, wir starren auf unsere Bildschirme und nehmen einander gar nicht mehr wahr. Dabei ist es egal, wer es ist, ob es die Reinigungskraft auf dem Gang, der Chef, der Präsident oder der Obdachlose auf der Straße ist. Wir müssen einander auf Augenhöhe begegnen. Werte wie Respekt und Anstand, Wertschätzung und der Umgang miteinander, sind für mich essenziell. Und glaube mir, wenn du es schaffst, an einem Tag auch nur einer Person ein Lächeln ins Gesicht zu zaubern, dann gibt dir das mehr zurück als alles andere!

SEI GLÜCKLICH

Es ist oft gar nicht so leicht, das Glücklichsein zuzulassen. Ich selbst bin oft damit konfrontiert, denn auch wenn ich ein notorischer Sunny Boy bin, frage auch ich mich oft, was könnte noch besser, schöner oder erfolgreicher sein. Wie schaffe ich eine höhere Quote oder welches Auto würde ich gerne als Nächstes fahren. Dabei müssen wir auch den Ist-Zustand akzeptieren, damit zufrieden sein und den Moment genießen. Wir müssen im Jetzt leben, glücklich sein, das Leben lieben und nicht dem nächsten Glück nachjagen, welches vielleicht nicht einmal existiert.

Wir Menschen sind extrem selbstkritische Wesen. Egal ob es unser Aussehen, unser Kontostand, unser Zuhause, unsere berufliche Position oder unser soziales Umfeld, der Partner oder die Familie ist. Irgendetwas gibt es doch immer auszusetzen. Du schaust in den Spiegel und anstatt all die positiven Eigenschaften, die Errungenschaften, das Glück und deine Individualität zu sehen, siehst du nur Makel und Niederlagen. Dabei gibt es keinen perfekten Menschen. Sei also endlich zufrieden mit dir und lasse das Glücklichsein auch endlich zu. Erlaube es dir, auch wenn du gerade eine schwere Zeit durchmachst. Sei nicht so streng mit dir und lebe endlich im Hier und Jetzt. Es kann jederzeit vorbei sein. Ich denke mir, wenn ich schon gehen muss, dann zumindest mit einem Lächeln im Gesicht.

ÜBE DICH IN GEDULD

Auch Geduld sei geübt. Ich selbst bin ein wahnsinnig ungeduldiger Mensch. Vor allem, wenn es um Karriere oder Sport geht. Dabei kann die Geduld uns so viel lehren und noch mehr zurückgeben. Als ich mich in Therapie befand, wartete ich ungeduldig auf Besserung. »Wann bin ich denn geheilt? Wann geht es mir wieder gut? Wann merke ich eine Veränderung?«, fragte ich mich wöchentlich, während und nach meinen Therapiestunden. Ich war ungeduldig, manchmal sogar wütend, dabei ist die Zeit oft die stärkste Waffe.

Mittlerweile weiß ich, dass sich das Gedulden lohnt. Egal ob bei psychischen Problemen oder körperlichen Einschränkungen und Verletzungen, ob nach einem Fahrradunfall, die Zeit heilt. Um die Zeit heilen zu lassen, müssen wir uns gedulden.

GLÜCKLICH SEIN BRAUCHT KEINEN LUXUS

Glück ist kein Luxusgut. Ein erfülltes Leben und Herz voller Liebe hat nichts mit deinem Einkommen, deinem Status oder deinem Wohlstand zu tun. Es braucht kein Geld, um glücklich zu sein, auch wenn uns die Gesellschaft, die Medien und die Politik oft vom Gegenteil überzeugen wollen.

Wann warst du zuletzt so richtig glücklich? Welcher Moment ist in deinem Kopf für die Ewigkeit eingebrannt? Wann hast du dich frei gefühlt? Ich bin mir ziemlich sicher, dass diese Momente nur wenig mit tatsächlichem Geld zu tun hatten.

Zeit ist das kostbarste Gut.

Für mich ist glücklich sein die Zeit, die ich habe. Zeit mit mir selbst, auf dem Fahrrad, während ich mich bewege oder Zeit mit meinen Liebsten. Auch beim Autofahren fühle ich mich frei, aber dafür braucht es keine Luxuskarre. Eine der schönsten Erinnerungen habe ich auf Mallorca gesammelt. Ich war bei einem Freund zu Besuch, er hatte zwei alte Renaults, quasi Lieferwagen, in seiner Garage stehen. »Zulassung und Schlüssel sind unter der Sonnenblende«, waren die einzigen Infos die ich brauchte, und schon saß ich in der »alten Kraxn« und fuhr der Sonne entgegen. Keine Klimaanlage, keine Bluetooth-Verbindung. Mit Flip-Flops, kurzer Hose, einem einfachen T-Shirt und dem Wind, der mir um die Nase wehte. Einfach herrlich.

Die kleinen Dinge bringen die größten Momente.

Als ich noch Matratzen verkaufte, hatte ich einen anderen Tagesablauf. Ich fing erst am Nachmittag an, am Vormittag trainierte ich und saß oft auf dem Rad. Als ich beispielsweise meinem Zuhause wieder näherkam, rief ich bei meiner Stamm-Pizzeria an: »Einmal wie immer bitte, um 13 Uhr bei mir«. Zu Hause angekommen sprang ich unter die Dusche, als ich fertig war, läutete es. Meine Tortellini Carbonara ohne Ei mit Brokkoli waren da und ich verpflanzte mich auf die Couch. Nebenbei lief Tour de France. Diese kleinen Dinge, mein Lieblingsessen, vom Lieblingsitaliener nach einer ausgiebigen Radtour, sind die

Momente, für die ich lebe. Es muss kein Fünf-Sterne-Hauben-Restaurant sein, und es braucht auch nicht die teuren Autos oder neuesten Handys. Die schönsten Momente im Leben sind die, die einfach passieren, die, die uns an unsere Menschlichkeit erinnern.

MIT NATUR UND BEWEGUNG ZU GESUNDEM MINDSET

Ob deine Einstellung die Richtige ist, hängt sehr viel mit deinem generellen Wohlbefinden und einem gesunden Mindset zusammen. Nur wenn du dich wohlfühlst, von innen und von außen, kannst du deine gesamte Positivität kanalisieren und damit auch andere Menschen anstecken.

Ich sage es ja immer wieder. Immer wieder aufs Neue und werde auch nie damit aufhören: Bewegung ist Leben. Leider verpassen wir oft schon als Kind die Chance, unseren Körper auf ein späteres Leben vorzubereiten und zu stärken, da Bewegung in unserer Gesellschaft nicht ausreichend gefördert wird. Was bei den Jüngsten vergessen oder missachtet wird, macht sich im späteren Leben bemerkbar. Umso wichtiger ist es daher, selbst dagegenzusteuern. Nicht nur für unsere eigene Gesundheit, sondern auch für ein friedliches Miteinander, einen klaren Kopf und einen starken Körper. Ich glaube, Corona hat uns aufgezeigt, wie wichtig Bewegung ist. Eingesperrt, ganz ohne Bewegung, ohne Kontakt zur Außenwelt und für die Städter unter uns ganz ohne die Natur, verweilten wir monatelang in unseren Eigenheimen. Nun heißt es wieder in Fahrt zu kommen, die Dinge selbst in die Hand zu nehmen. Auch wenn du gerne von zu Hause aus arbeitest, lieber mit dem Auto als mit dem Fahrrad in die Arbeit fährst, arbeite aktiv an einem Plan, um zumindest 25 Minuten Bewegung in deinen täglichen Ablauf einzubauen. Gestalte einen neuen Rhythmus und beobachte, wie du dich dabei fühlst.

Geht es dir physisch gut, freut sich die Psyche. Bewegung, vor allem die Bewegung draußen in der Natur, ist wie eine Therapie. Sie kostet nichts, sie richtet sich völlig nach deinem Tempo und du kannst sie dir so einplanen, wie sie dir gerade passt. Mir ist schon bewusst, dass es nicht jeder von euch schaffen wird, täglich Wandern, Radeln, oder Laufen zu gehen. Ich weiß auch, dass viele von euch keinen Wald oder Garten vor der Tür haben, dennoch appelliere ich an dich:

Bewege dich so oft es nur möglich ist und gehe raus in die Natur, wann immer du kannst!

Sei ein Kind, sei ein Lausbub und sei verrückt. Genieße das Leben, atme die Luft ein, beobachte die Käfer und Vögel, die sich draußen tummeln. Setz dich hin und lausche den Geräuschen des Waldes, des Feldes und der Wiese. Stelle das Leben und den Spaß wieder in den Vordergrund, wie du es vielleicht auch als Kind getan hast. Bewegung macht Spaß, wenn du draußen bist, wenn du all deine Sinne einsetzen kannst und etwas spürst. Versuche ab und zu runter vom Gas zu gehen, zu entschleunigen und wieder ein Gespür für das Wesentliche zu bekommen. Die Kraft, die du dabei tankst, kannst du dann investieren. In Familie, Beruf, in andere Menschen und in dich selbst. Wichtig ist, dass du dir diese Energie endlich holst, sie wartet auf dich, draußen, zu Hause, überall da, wo Leben ist und überall dort wo du dich bewegst.

BAUM UMARMEN

Ich habe einen Lieblingsbaum. Dem bin ich treu und den besuche ich immer wieder, um ihn zu umarmen, zu berühren und zu spüren. Vielleicht klinge ich verrückt, aber der Wald, vor allem die Bäume haben eine ganz besondere Wirkung auf uns Menschen. Das Umarmen des Baumes, das Spüren der Natur, gehört für mich zu genau jenen kleinen Momenten im Leben, die besonders wertvoll sind.

Wer mein erstes Buch bereits gelesen hat, der weiß, dass mittlerweile auch meine Partnerin, die anfangs eher skeptisch war, mit mir mitkommt und ihren Lieblingsbaum umarmt. Beim nächsten Spaziergang versuche es einmal selber. Umarme einen großen und starken Baum. Atme den Duft des Waldes ein und dann stell dir vor, du verwurzelst dich über deine Fusssohlen mit dem Baum, nimmst seine Energie auf. Ich kommuniziere immer geistig mit ihm, bin dankbar, dass es ihn gibt und er mir Kraft schenkt. Jetzt werden einige sagen: »Der spinnt, der Jelinek«, was auf ein gewisse Art und Weise sicher stimmt. Probiert es aber trotzdem aus. Ich bin gespannt, wie ihr es empfindet.

Der Sinn
des Lebens

Wir alle fragen uns irgendwann, was unsere Aufgabe ist. Was wir mit unserem Leben machen und was eigentlich der Sinn dieses Lebens ist.

Was ist deine Aufgabe?

Ich habe irgendwann realisiert, dass weder der berufliche noch der finanzielle oder der materielle Erfolg erfüllt. In meinen Augen besteht der wahre Sinn des Lebens nämlich darin, den Menschen etwas Positives zu hinterlassen. Und zu dieser Erkenntnis zu kommen, hat lange gedauert.

Betrachten wir den Sinn des Lebens in seiner Banalität, könnte er in der Fortpflanzung liegen. Der Erhalt der Natur, der Kreislauf des Lebens. Ich glaube, dass wir alle aber zusätzlich eine Aufgabe brauchen, wir brauchen etwas, das uns erfüllt, um im Anschluss auch andere Menschen erfüllen und positiv beeinflussen zu können.

Geht es dir gut, wenn du nichts machst, was dich erfüllt?

Wie geht es dir, wenn du krank bist, zu Hause hängst und nichts machen kannst? Meistens sind die Effekte des Nichtstuns, des Einsperren und Liegens, schlimmer als die der Grippe. Klar, Entspannen, Ausruhen und Chillen gehören dazu, helfen dabei, die Batterien aufzuladen, irgendwann musst du dich aber auch wieder aufraffen. Egal ob du ein Puzzle fertig machst, die Wohnung aufräumst oder etwas kochst, solange du etwas tust, das dich erfüllt, solange du etwas fertigstellst und Erfolgserlebnisse feierst, kannst du diese positive Energie auch weitergeben, du verleihst deinem Leben so automatisch Sinn.

DU HAST ES DIR VERDIENT, GLÜCKLICH ZU SEIN

Ich glaube, wir müssen wieder lernen, glücklich zu sein. Wir können nicht mehr richtig genießen, haben in unserem oft kurzen Leben viel Leid und Trauer erfahren, Niederlagen erlebt und Fehler gemacht. Aber egal, ob du nun ein Schüler, ein Pensionist, ein Spitzensportler oder eine Studentin bist, blicke auf all das zurück, was du bereits erreicht hast und sei stolz darauf. Dein positiv absolviertes Schuljahr oder das Aufziehen deiner Kinder und Enkelkinder. Den erfolgreich absolvierten Marathon oder die Prüfung, für die du so lange gelernt hast. Vielleicht hast du bereits vor vielen Jahren ein Haus gebaut oder du legst gerade die ersten Grundsteine für dein künftiges Eigenheim. Egal an welchem Punkt du gerade bist, genieße deinen ganz persönlichen Erfolg und sei stolz auf das, was du erreicht hast.

Wie viele Hürden hast du bereits überwunden?

Ich möchte dir Mut machen. Du solltest nämlich stolz auf dich sein. Wir alle mussten in unserem Leben bereits einiges mitmachen. Die einen mehr, die anderen weniger, dennoch haben wir alle mit Hürden und Stolpersteinen zu kämpfen gehabt. Trotzdem bist du heute noch hier. Du bist stark, du hast das Leben bis heute gemeistert, und das ist keine einfache Aufgabe. Auch wenn ich immer der Sunny Boy bin, ständig gute Laune verbreite, lache, singe und laut bin, so sieht es in mir drin oft anders aus. Es gab Phasen in meinem Leben, in welchen ich völlig ruhig, schon fast leer war und nicht mehr viel vom Strahlemann Philipp übrig war. Ich bin mir sicher, auch du hattest schon dunkle Momente in deinem Leben. Wir Menschen zeigen oft nicht das, was in uns drin vorgeht. Tief im Inneren sieht es oft völlig anders aus, als die Fassade vermuten lässt. Merke dir also immer, dass du niemals alleine bist. Selbst der glücklichste, reichste oder erfolgreichste Mensch kämpft mit Problemen, Einsamkeit und Unzufriedenheit. Mach dich also nicht selbst fertig, wenn auch bei dir mal ein Tag nicht so läuft.

DIE ZWEIFEL BLEIBEN

Bevor ich dich entlasse, möchte ich dir noch etwas mitgeben. Die Zweifel werden nie ganz vergehen. Auch ich zweifle noch heute an meiner Tätigkeit und meinem Selbst, obwohl ich im Grunde gesund und zufrieden mit mir selbst bin. Erst kürzlich überkam mich eine Welle der Negativität: »Haben die Menschen noch Spaß an meiner Sendung? Bin ich am richtigen Weg?«.

Solche Gedanken gehören dazu, diese kleine Stimme wird es immer geben, sie bewahrt uns immerhin auch vor falschen Entscheidungen, manchmal will sie uns aber in unser Glück hineinpfuschen. Kurze Zeit später erreichte mich eine E-Mail. Elfi Jirsa, eine ehemalige Krebspatientin, mit der ich ein Projekt umsetzen durfte, schickte mir die Worte eines renommierten Professors zu. Er befürworte meine Arbeit und findet das, was ich tue, total wichtig. Mehr brauchte ich nicht zu hören. Ich wusste wieder, warum ich hier bin.

Auch wenn du nicht immer eine E-Mail erhalten wirst, die dein Tun, dein Schaffen und deine Art zu leben befürworten wird, so wird es doch immer wieder gewisse Zeichen geben. Diese gilt es zu beachten, zu finden und wahrzunehmen. Ob es dein Bauchgefühl, ein interessantes Omen, ein Zeichen des Universums oder eine Erfahrung ist, die dir den Weg weisen wird, weiß ich nicht. Was ich allerdings weiß, ist dass du mehr Vertrauen in dich selbst stecken solltest.

DU HAST DIE KRAFT

Du hast die Kraft, an jeder Situation in deinem Leben zu wachsen. Auch wenn ich oft gezweifelt habe, habe auch ich es geschafft, mich irgendwie aus jedem Loch herauszuziehen. Wenn ich wirklich tief unten war, nach meinen Unfällen und Verletzungen, nach den Operationen, nach dem Verlust meines Vaters, als ich meine Rechnungen nicht bezahlen konnte oder als ich an Angststörungen und Panikattacken litt, wuchs die Motivation für mich, wieder zurückzukommen, noch stärker. Ich lasse mich nicht vom Leben in die Schranken weisen, denn ich bin es, der für mein Leben verantwortlich ist.

Das wird schon.

Es gibt keine Wunder. Aber ich glaube schon, dass wir in unserem Leben alles überwinden können. »Das wird schon«, sage ich oft, naiv wie ein Kind, wenn gerade alles so richtig schiefläuft. Bis jetzt durfte ich damit recht behalten.

In meinem Leben habe ich schon einiges erlebt. Man könnte auch sagen: Einmal alles, mit extra scharf. Höhen und Tiefen. Schulden, Erfolg, Wut und totale Zufriedenheit. Mindset, Sport und die Natur waren die drei Größen, die mich wieder auf den richtigen Pfad brachten und mental fit machten. Nutze sie und denk dran: Du kannst alles schaffen, wenn du nur an dich glaubst.

Und vergiss nicht: Trinken, trinken, trinken,

weil die Zelle, die muss schwimmen!

FINDE DEIN KRAFTTIER

Eine letzte Übung habe ich noch für dich. Und zwar möchte ich, dass du dein Krafttier findest. Mein Krafttier ist der Bär. Das habe ich schon vor Jahren gemeinsam mit einem befreundeten Schamanen im Zuge einer Reise ins Ich festgestellt. In meinen Gedanken sah ich plötzlich den großen, braunen Bären, der auf den kleinen Philipp, das Kind in mir, aufpasste. Er schützte mich und seitdem ich ihn als mein Krafttier identifiziert habe, spendet er mir Mut und Energie, vor allem in dunklen Zeiten.

Dein Krafttier stellt deinen spirituellen Begleiter dar. Es symbolisiert das universelle Urtier seiner Art. Ist dein Krafttier also beispielsweise der Bär, steht er für Bodenständigkeit, Mut, Intuition und Kraft und gilt als treuer Beschützer. Jedem Krafttier wird eine andere Bedeutung zugeschrieben. Dein Krafttier hilft dir, deinen Lebenspfad zu finden, es bringt dir bei, Aufgaben zu lösen und unterstützt dich in schwierigen Lebenslagen.

Wie gesagt habe ich mein Krafttier im Zuge einer schamanischen Reise gefunden. Andere träumen von ihrem Krafttier, wieder andere finden es in besonders schwierigen Phasen in ihrem Leben und wieder andere in Momenten, in denen sie komplett ruhen.

Was ich dir wünsche ist, dass du mit dir im Reinen bist und den Mut hast, neue Wege und Pfade zu ergründen.

Dass du glücklich bist und ein gesundes, erfülltes Leben hast.

Dass du auf deine Stärken vertraust und gestärkt aus Niederlagen hervorkommst.

Und denk dran, die Grenzen sind im Kopf, die setzen nur wir uns. Denke groß. Es ist viel mehr möglich.

Alles Liebe
Philipp

PHILIPP JELINEK

edition a

Fit mit Philipp

Einfache
Übungen, die dein
Wohlbefinden
verbessern

Mit einer
Extra-Portion
Motivation

ORF

Philipp Jelinek

Fit mit Philipp

Einfache Übungen, die dein Wohlbefinden verbessern

Der beliebte ORF-Vorturner Philipp Jelinek, bekannt aus seiner Sendung »Fit mit Philipp«, präsentiert seine einfachsten Übungen für täglich 17 Minuten Bewegung. Dazu liefert er eine Riesendosis Motivation und erzählt, woher er sie nimmt: Er hat viel erlebt in seinem Leben, ist viele Irrwege gegangen und musste Niederlagen einstecken, hatte Panikattacken und Depressionen, aber er gab nie auf. Und das hat sich ausgezahlt.

Gebundene Ausgabe: 176 Seiten

ISBN: 978-3-99001-616-9

Check dir deine *Fit mit Philipp*-Klamotten!
Eine große Auswahl an T-Shirts und Fanartikeln
findest du in meinem Onlineshop:

www.fit-mit-philipp.at/shop